NOUVEAUX PROVERBES

DRAMATIQUES,

PAR M. THÉODORE LECLERCQ.

—

Seconde Édition.

TOME .

PARIS,

ALEXANDRE MESNIER, LIBRAIRE,

PLACE DE LA BOURSE.

—

1830.

NOUVEAUX
PROVERBES
DRAMATIQUES.

NOUVEAUX
PROVERBES

DRAMATIQUES,

PAR M. THÉODORE LECLERCQ.

Seconde Édition.

TOME PREMIER.

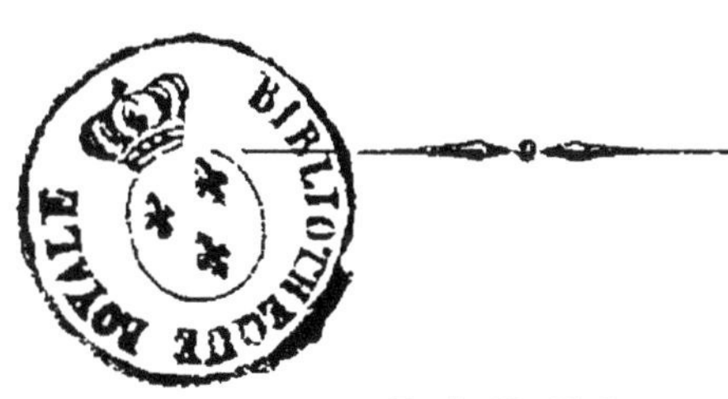

PARIS,

ALEXANDRE MESNIER, LIBRAIRE,

PLACE DE LA BOURSE.

1830.

LES HONNEURS,

ou

IL NE FAUT PAS QUE LA FORME

EMPORTE LE FOND.

PERSONNAGES.

Madame DUMONT.
Mademoiselle SACHET.
Le baron des CONTOURS.
M. JACOB.
M. LEFRANC.
GERVAIS, fermier.
MADELAINE, femme de Gervais.
Le mère CHAUVEL.
Un BRIGADIER de gendarmerie.
JEANNETTE.
Une PAYSANNE, mère de Jeannette.
Paysans et Paysannes.

La scène se passe dans un château.

Le théâtre représente un salon.

LES HONNEURS.

SCÈNE I.

M. JACOB, GERVAIS, MADELAINE.

GERVAIS.

Enfin, monsieur Jacob, vous croyez donc que ce château va appartenir à quelqu'un?

M. JACOB.

Je ne sais pas encore; mais la dame qui vient de Paris dans l'intention de l'acheter, a l'air d'en avoir grande envie.

MADELAINE.

Et quelle dame est-ce à peu près, monsieur Jacob? Puisqu'elle est descendue hier au soir à votre maison de Saint-Martin, vous devez déjà la connaître. Croyez-vous qu'elle ressemblera à la défunte? Certainement nous aimions bien la défunte, mais nous n'aimerions guère quelqu'un qui lui ressemblerait. N'est-il pas vrai, mon homme?

GERVAIS.

Madame de Monval était une bonne maîtresse.

MADELAINE.

Je ne vas pas à l'encontre; mais elle était trop tracassière, trop diseuse : « Je ne veux pas que vos

vaches aillent dans mes bois; elles mangent le bour-
geon; elles abiment tout. »

GERVAIS.

Et pis pour ses routes, me faisait-elle damner!
« Vous chargez trop vos voitures; vous faites des
ornières du diable, que vous ne comblez jamais. Je
ne veux pas de cela. »

MADELAINE.

Et les pauvres enfans, il aurait fallu que je les
misse dans ma poche. Ils cassaient les arbres en
voulant attraper des nids; ils jetaient des pierres
dans les noyers; ils pêchaient ses écrevisses; toutes
choses que font les enfans; car enfin il faut ben
qu'ils s'amusent, ces pauvres petits. Elle ne vous
rencontrait pas de fois qu'elle n'eût quelques reproches à vous faire.

M. JACOB.

Oui; mais il faut tout dire : vous ne pouviez pas
trop vous plaindre du prix de votre ferme.

GERVAIS.

Eh ben, monsieur Jacob, vous me croirez s
vous voulez; comme vous êtes un homme d'honneur, c'est la vérité, on ne trouverait pas encore
dans le pays un fermier qui en donnerait le prix
que j'en donnons.

MADELAINE.

Mais sans doute. Ce qui nous a retenus depuis

six ans, c'est que nous n'avions affaire qu'à un mineur, et que c'était ben commode. Nous vous payions nos fermages que vous envoyiez à Paris à monsieur Lefranc, le tuteur de notre petit monsieur, et pis ça finissait par là ; je fesions du reste ce que je voulions. Quand le château est occupé, si ça a l'air d'une douceur sous un rapport, ça gêne ben d'un autre côté.

GERVAIS.

Madelaine a raison ; ça gêne beaucoup.

MADELAINE.

Sans compter que les paysans ne vous regardent plus de même. Depuis six ans, nous avons été les premiers de l'endroit.

M. JACOB.

Parlons affaires. Cette dame qui est descendue chez moi avec le tuteur de votre jeune maître, arrivera probablement ici sur les deux heures. Avez-vous fait tout ce que je vous ai écrit de faire ? Ce salon me paraît en bon état.

GERVAIS.

Ah ! tout le reste est de même. Depuis deux jours ma femme n'a pas bougé du château.

MADELAINE.

Il y avait tant à nettoyer.

M. JACOB.

Est-ce que la mère Chauvel n'entretenait pas cela comme il faut ?

MADELAINE.

Ne parlez donc pas de la mère Chauvel. La mère Chauvel allait encore un peu du temps de madame; mais à présent elle est si vieille. Elle ne se mêle plus des choses de ce monde; aussi laissait-elle des toiles d'araignées partout.

M. JACOB.

Je n'ai pas besoin de vous recommander d'être bien polis avec cette dame.

GERVAIS.

Laissez donc, monsieur Jacob, est-ce qu'on n'a pas de savoir-vivre?

M. JACOB.

C'est que c'est une dame qui paraît tenir beaucoup à tout cela.

MADELAINE.

Nos petits gars ont déjà acheté de la poudre pour lui tirer des coups de fusil, comme vous avez fait à monseigneur l'archevêque, quand il est passé à Saint-Martin.

GERVAIS.

Bien mieux, le bedeau doit sonner les cloches.

M. JACOB.

Diable!

MADELAINE.

Il est même question qu'on lui chantera la chanson.

M. JACOB.

Quelle chanson?

GERVAIS.

Une chanson qu'on chante depuis *in eiernum*
dans le pays à toutes les dames qui viennent au château.

M. JACOB.

C'est à merveille.

GERVAIS.

Mais qu'elle ne nous augmente pas not' bail, au
moins.

MADELAINE.

Ça serait trop traître.

M. JACOB.

N'ayez pas d'inquiétude.

MADELAINE.

Tenez, voilà monsieur le baron des Contours qui
est déjà venu vous demander ce matin. (A son mari.)
Viens, Gervais.

M. JACOB.

Ne vous éloignez pas.

MADELAINE.

Non, non, monsieur Jacob.

(Elle sort avec son mari.)

SCÈNE II.

M. JACOB, M. DES CONTOURS.

M. DES CONTOURS.

Bonjour, monsieur Jacob. Vous m'avez donc trouvé une voisine? Si, pendant qu'elle est en train, elle voulait aussi m'acheter ma terre, je lui en ferais bon marché. Est-ce une femme aimable? Est-elle jeune? Est - elle jolie? Comment s'appelle-t-elle?

M. JACOB.

Elle s'appelle madame Dumont.

M. DES CONTOURS.

Madame Dumont! C'est bien commun ce nom-là. Qu'est-ce que fait son mari?

M. JACOB.

Son mari ne fait plus rien; il est mort.

M. DES CONTOURS.

Elle est veuve! Ah! mais, c'est charmant. A-t-elle des enfans?

M. JACOB.

Un fils bossu, qu'elle a mis dans une maison d'orthopédie, dans l'espoir qu'en sortant de là il ne sera plus que voûté.

M. DES CONTOURS.

C'est une personne qui ne se fait pas d'illusions,

à ce qu'il paraît. Et vous dites qu'elle est jolie.

M. JACOB.

Je ne vous l'ai pas encore dit; mais j'aurais pu vous dire que c'est une femme très-bien conservée. A vue d'œil, elle doit avoir à peu près.....

M. DES CONTOURS.

Quarante mille livres de rentes?

M. JACOB.

Si c'est comme cela que vous l'entendez.

M. DES CONTOURS.

Il ne faut pas davantage. Avec quarante mille livres de rentes, je vous assure qu'on vit très-bien.

M. JACOB.

Penseriez-vous déjà à l'épouser?

M. DES CONTOURS.

Monsieur Jacob, je suis bien las de la vie que je mène. J'enrage quelquefois d'être cloué dans un méchant manoir, après avoir été si brillant dans la capitale.

M. JACOB.

J'ai bien peur que le petit-fils de madame de Monval ne fasse comme vous; et encore n'aura-t-il pas le bon esprit que vous avez eu, de conserver un manoir pour se retirer quand il aura dissipé tout le reste.

M. DES CONTOURS, se frottant les mains.

Il fait donc bien danser les écus de la bonne maman?

M. JACOB.

Son tuteur en est désolé.

M. DES CONTOURS.

C'est que vous ne savez pas, vous autres, combien c'est agréable de faire danser des écus. Malheureusement ça va trop vite. Il ne faut plus penser à cela. Combien voulez-vous vendre cette terre à madame Dumont?

M. JACOB.

Nous lui en demandons, je crois, trois cent mille francs.

M. DES CONTOURS.

C'est conscience. Après tout, j'aimerais bien une femme qui peut mettre cent mille écus à l'acquisition d'une terre. Son mari était donc dans la finance?

M. JACOB.

Son mari était parfumeur.

M. DES CONTOURS.

Parfumeur! On gagne tant d'argent que cela à être parfumeur à Paris? Parbleu! je suis bien fâché de ne pas m'être fait parfumeur. Mais si j'épouse la parfumeuse, cela reviendra au même.

M. JACOB.

Vous ne craignez pas de déroger?

M. DES CONTOURS.

Le métier que je fais est si noble! Je chasse depuis le matin jusqu'au soir comme un imbécile. Je n'aime pas les paysannes; votre ville de Saint-Martin est à mourir d'ennui; excepté votre maison, tout le reste est un troupeau d'oies. Pour sortir d'une pareille existence, je ferais bon marché de tous mes aïeux, je vous en réponds. Si du moins j'avais pu m'embarquer avec quelqu'une de vos dames dans une intrigue un peu difficile, que j'eusse trouvé quelques obstacles, quelques rigueurs à combattre, cela m'aurait tenu en éveil; mais aucune d'elles n'a le goût des difficultés, c'est comme un fait exprès.

M. JACOB.

Vous êtes bien joli garçon, il faut en convenir.

M. DES CONTOURS.

J'ai pourtant passé la trentaine; mais pour une veuve de quarante ans, qui n'a qu'un fils d'une faible santé, des idées de grandeur à coup sûr....

M. JACOB.

Ah! je vous en réponds: un air d'assurance, un ton de commandement; c'est une princesse.

M. DES CONTOURS.

Vous voyez bien que mes projets ne sont pas si hasardés.

M. JACOB.

Elle s'est déjà munie d'une demoiselle de compagnie, mademoiselle Sachet qui, je crois bien, est une de ses anciennes filles de boutique; mais qui a

pour madame Dumont une vénération, un respect...
C'est risible.

M. DES CONTOURS.

Comment a-t-elle fait le voyage?

M. JACOB.

En poste, vraiment, dans une très-jolie voiture à
elle, un domestique sur le siège.

M. DES CONTOURS.

Je vous dis qu'il ne lui manque plus que d'être
madame la baronne des Contours.

M. JACOB.

A l'entendre parler de son château, il est sûr qu'il
y a du féodal dans ses idées.

M. DES CONTOURS.

Tant mieux, tant mieux. Nous devons désirer
qu'elle soit folle, le jeune Monval pour en tirer cent
mille écus, et moi pour pouvoir reprendre la vie
de Paris.

SCÈNE III.

M. JACOB, M. DES CONTOURS, LA MÈRE
CHAUVEL.

LA MÈRE CHAUVEL, à M. Jacob.

Monsieur, y en a qui disent qu'on aperçoit un
carrosse dans la prairie; c'est sans doute la nouvelle
dame.

M. JACOB.

N'ayez donc pas l'air si triste, la mère Chauvel.

LA MÈRE CHAUVEL.

Chacun est comme il peut, mon bon monsieur.

M. DES CONTOURS.

Je remonte à cheval pour aller chez moi faire un bout de toilette, et ordonner un dîner que je puisse lui offrir à tout hasard.

M. JACOB.

Et moi, je vais au-devant d'elle.

(Ils sortent.)

SCÈNE IV.

LA MÈRE CHAUVEL, ENSUITE MADELAINE.

LA MÈRE CHAUVEL.

V'là donc c'te terre qu'appartenait à madame parce qu'elle avait appartenu à son père et à son grand-père, qui va appartenir à quelqu'un qui n'y a pas de droit. Bonté divine! faut-il que j'aie assez vécu pour voir ça? Qu'est-ce que vont devenir toutes les provisions que j'avais faites, dans l'espérance que notre jeune maître nous reviendrait? Est-ce que je dois les donner à c'te dame? non. Ce n'est pas de son temps, ça ne lui appartient pas. Je trouverai toujours ben moyen de les envoyer à Paris, à monsieur Amédée. Des poires tapées, des pruneaux et du raisiné; n'y a pas d'jeune homme à qui ça ne fasse plaisir.

MADELAINE.

Comment, mère Chauvel, vous n'êtes pas pus belle que ça? un jour comme celui-ci!

LA MÈRE CHAUVEL.

Qu'est-ce qu'un jour comme celui-ci a donc de si superbe?

MADELAINE.

Cette dame qui vient.

LA MÈRE CHAUVEL.

Est-ce que ça me regarde?

MADELAINE.

Vous avez votre habillement de cotonnade rouge.

LA MÈRE CHAUVEL.

Ce n'est que pour les fêtes.

MADELAINE.

C'en est une pour nous aujourd'hui.

LA MÈRE CHAUVEL.

Oui-dà; je vous en fais mon compliment, ça n'en est pas une pour moi. Vous êtes jeune, vous, Madelaine, et aux jeunes gens, tout ce qui est nouveau paraît beau; à mon âge, ce n'est pas de même. Que votre nouvelle dame prenne tout, la chambre de madame, le lit de madame, le fauteuil de madame, ça ne vous fait pas saigner le cœur?

MADELAINE.

Pisque madame ne peut plus s'en servir.

LA MÈRE CHAUVEL.

Elle a son petit-fils.

MADELAINE.

C'est lui qui veut vendre.

LA MÈRE CHAUVEL.

·C'est-i ben sûr? N'est-ce pas un tour qu'on veut
lui jouer?

MADELAINE.

Est-ce qu'on joue de ces tours-là?

LA MÈRE CHAUVEL.

Son tuteur est un fin merle; il va faire ses orges
dans tout ça. Cet' enfant n'y entend goutte.
Pauvre petit! Ils vont li ôter une bonne terre,
pour li en acheter une à Paris qui ne vaudra rien
peut-être.

MADELAINE.

Que pouvez-vous y faire?

LA MÈRE CHAUVEL.

C'est bon, Madelaine, vous êtes comme les au·
tres; il n'y a personne ici à qui il soit resté un peu
d'ame. Cet' enfant est le fils de nos maîtres, après
tout.

MADELAINE.

Je payons à lui, je paierons à un autre; il n'y a
pas de différence. Ah! si on disait : « Les maîtres

que vous perdez ne vous demandaient rien ; ceux que vous allez avoir vont vous demander ; » ça vaudrait la peine de réfléchir. Mais comme tous les maîtres demandent, les uns valent les autres.

LA MÈRE CHAUVEL.

Je m'en vas, Madelaine, je m'en vas ; je ne peux pas entendre parler comme ça. Ainsi, que c'te dame qui vient vous diminue vot' ferme, je suppose, vous la préféreriez donc à vot' ancienne maîtresse ? Vous devriez mourir de pure honte. C'est une abomination, Madelaine, c'est une abomination. (Elle sort.)

MADELAINE.

La mère Chauvel radote tout-à-fait à présent.

SCÈNE V.

MADAME DUMONT, MADEMOISELLE SACHET, M. LEFRANC, M. JACOB, MADELAINE.

MADAME DUMONT.

Quel guet-apens !

M. LEFRANC.

Mais, Madame...

MADAME DUMONT.

Nous sommes moulues.

M. JACOB.

Je vous assure...

MADAME DUMONT.

Que les chemins sont excellens, peut-être?

M. LEFRANC.

Pas excellens; mais...

MADAME DUMONT.

Est-ce que vous pouvez vous remuer, mademoiselle Sachet?

MADEMOISELLE SACHET.

Bien peu, Madame.

MADAME DUMONT.

Pour moi, je suis morte.

MADEMOISELLE SACHET.

On ne sait donc pas paver dans ce pays-ci?

M. LEFRANC.

On ne pave guère les chemins de traverse, Mademoiselle.

MADEMOISELLE SACHET.

A Paris, on pave partout.

MADAME DUMONT.

Monsieur Lefranc, c'est un bien vilain procédé
de votre part. Pourquoi me vantiez-vous tant cette
terre, puisque vous saviez qu'on ne pouvait pas y
arriver? Faire faire quarante lieues de poste à des
femmes, pour les tuer ensuite dans des chemins de
traverse.

M. LEFRANC.

Vous n'êtes pas tuées.

MADAME DUMONT.

Cela vous est bien aisé a dire ; vous étiez à cheval.

M. LEFRANC.

C'était pour indiquer les mauvais pas à l'homme qui vous conduisait.

MADAME DUMONT.

Vous les lui avez bien indiqués en effet, car il ne nous en a pas échappé un seul. (On entend le son des cloches ; madame Dumont écoute avec attention.) Qu'est-ce que c'est que ce carillon-là ?

M. JACOB.

Ce sont les cloches de la paroisse qui célèbrent votre arrivée, Madame.

MADAME DUMONT, d'un air de grande satisfaction.

C'est pour moi que les cloches sonnent ainsi ? Entendez-vous, mademoiselle Sachet, les cloches qui sonnent pour moi ?

MADEMOISELLE SACHET.

Oui, Madame. Je trouve que, pour le son, elles ressemblent un peu à celles de Saint-Nicolas-des-Champs.

MADAME DUMONT.

Comme les cloches de Saint-Nicolas-des-Champs n'ont jamais sonné pour moi, je ne puis pas dire ; mais celles-ci me paraissent très-harmonieuses. Vous me présenterez le curé, monsieur Lefranc.

(On tire des coups de fusil en dehors.)

MADEMOISELLE SACHET, effrayée.

Ah! mon Dieu!

MADAME DUMONT, prenant par degrés un air d'importance.

Qu'avez-vous donc, mademoiselle Sachet? Vous êtes d'un enfantillage aujourd'hui!... Ne devinez-vous pas que ce sont des réjouissances? Je ne pourrai plus vous mener avec moi. (On fait une nouvelle décharge; mademoiselle Sachet se bouche les oreilles.) Monsieur Lefranc, dites à ces bonnes gens de cesser; car mademoiselle finirait par se trouver mal.

MADEMOISELLE SACHET.

C'est plus fort que moi, Madame. A Tivoli, au moment du feu d'artifice, je m'en vas toujours dans les coins.

MADAME DUMONT.

Les feux d'artifice n'ont rien de commun avec ceci.

MADELAINE.

Est-ce que madame ne voudra pas recevoir ses sujets. (Mademoiselle Sachet fait un mouvement de surprise; madam^e Dumont la regarde de manière à lui imposer silence.)

MADAME DUMONT, à Madelaine.

Qu'appelez-vous mes sujets?

M. JACOB.

C'est l'expression dont ils se servent ici pour désigner les gens qui vous entourent, et dont une grande partie travaille d'habitude pour le château.

MADAME DUMONT.

L'expression est bonne ; mais je ne crois pas que je puisse les recevoir tout de suite. J'ai besoin de me remettre un peu. Qu'on leur dise d'attendre. Je suis si horriblement fatiguée. Comprenez-vous, monsieur Lefranc ? Qu'on leur dise d'attendre.

M. JACOB.

Si madame voulait entrer dans la pièce à côté, on y a fait du feu.

MADAME DUMONT.

Eh bien ! à la bonne heure. Je n'ai pas froid ; mais le feu délasse.

MADELAINE.

Madame ne désirerait pas prendre quelque chose ?

MADAME DUMONT, souriant.

Que pourriez-vous m'offrir, ma bonne ?

MADELAINE.

Dame ! une tasse de lait, si vous voulez.

MADAME DUMONT.

Cela vous tente-t-il, mademoiselle Sachet ?

MADEMOISELLE SACHET.

Oh ! du lait de campagne, on dit que c'est si bon.

MADAME DUMONT, à Madelaine.

Vous nous donnerez du lait: (Madelaine va pour sortir. Dites-moi, ma bonne ; qu'est-ce que vous êtes ici ?

MADELAINE.

Madame, je suis la fermière.

MADAME DUMONT.

Vous êtes mariée alors?

MADELAINE.

Comme de juste.

MADAME DUMONT.

Combien avez-vous d'enfans ?

MADELAINE.

Deux, Madame.

MADAME DUMONT.

Ce n'est pas assez pour une fermière. Où est votre mari ?

MADELAINE.

Il viendra, Madame.

MADAME DUMONT.

Je lui parlerai. A présent, conduisez-nous à la chambre où il y a du feu. Venez, mademoiselle Sachet. Nous reviendrons bientôt, Messieurs.

(Elle sort; mademoiselle Sachet et Madelaine la suivent.)

SCÈNE VI.

M. LEFRANC, M. JACOB.

M. JACOB.

Mais c'est tout-à-fait une princesse que votre madame Dumont.

M. LEFRANC.

Tout-à-fait. Elle prétend que sa mère est née au parc aux Cerfs.

M. JACOB.

Au parc aux Cerfs?

M. LEFRANC, lui frappant sur l'épaule.

Je vois que vous ne savez pas votre histoire de France. Enfin madame Dumont s'imagine être d'une origine très-relevée; et c'est ce qui lui donne les airs que vous venez de lui voir.

M. JACOB.

Ainsi, nos cloches et nos coups de fusil ont été comme de cire.

M. LEFRANC.

Je ne suis fâché que d'une chose à présent; c'est de n'avoir pas pensé à faire dételer sa voiture à vingt pas d'ici, pour la faire traîner par des paysans jusqu'à la grande porte. Je ne sais pas où j'avais la tête.

M. JACOB.

Ma foi! c'eût été encore une dépense; je trouve que c'est bien assez comme cela.

M. LEFRANC.

Songez donc qu'il faut la tenter par quelque chose, si nous voulons lui vendre cette terre un prix un peu raisonnable. J'ai passé tout le temps du voyage à lui faire croire que c'était une espèce de royaume qu'elle allait acquérir; aussi les sujets ne l'ont-ils pas étonnée.

M. JACOB.

Elle ne vous a pas encore questionné sur les revenus?

M. LEFRANC.

Non; elle n'y a pas pensé. Elle a de l'argent à n'en savoir que faire. Outre son commerce, qui lui a donné des bénéfices énormes, elle vient de recueillir deux héritages sur lesquels elle ne comptait pas.

M. JACOB.

Pour cent mille écus, il faudra pourtant bien lui donner quelque chose.

M. LEFRANC.

Le loyer de la ferme.

M. JACOB.

Trois mille francs.

M. LEFRANC.

Des coupes de bois.

M. JACOB.

Qui suffiront à peine pour la chauffer.

M. LEFRANC.

N'y a-t-il pas des vignes?

M. JACOB.

Elles sont dans un bel état.

M. LEFRANC.

Bast, bast, laissez donc faire. Vous pensez bien qu'un vieux renard comme moi n'est pas venu de Paris comme un sot. Je connaissais madame Dumont de longue date. Je lui ai parlé château comme je savais qu'il fallait lui parler château.

M. JACOB.

C'est qu'elle peut en trouver à meilleur marché.

M. LEFRANC.

Raison de plus pour profiter de son engouement, et ne pas lui laisser le temps de réfléchir.

M. JACOB.

Dans ce cas, je crois que nous devons nous mé-fier du baron des Contours.

M. LEFRANC.

Qui? ce vieil hobereau?

M. JACOB.

Depuis qu'on ne vous a vu ici, le vieil hobereau est mort, et son fils, après avoir mangé une grande partie de l'héritage, est revenu habiter le château que vous connaissez. Le voisinage de madame Du-mont lui a mis la puce à l'oreille, et, dans un ave-nir très-rapproché, il voit déjà la possibilité d'un mariage entre eux. Je crains que pour se bien mettre dans ses bonnes graces, il ne cherche à lui donner quelques lumières.

SCÈNE VI.

M. LEFRANC, d'un ton d'ironie.

Pour la dégoûter de cette acquisition? Le calcul serait adroit s'il a des prétentions sur elle. Où trouverait-il l'occasion de la revoir ?

M. JACOB.

Pensez-y toujours. C'est un écervelé qui peut renverser nos projets, en ne suivant que ses idées.

SCÈNE VII.

M. LEFRANC, M. JACOB, MADELAINE,
MADAME DUMONT, MADEMOISELLE SACHET.

MADELAINE, traversant le théâtre.

V'là la dame.

MADAME DUMONT.

Je viens de parcourir différentes chambres.

MADEMOISELLE SACHET.

Comme c'est grand ! c'est comme le Louvre. Qu'est-ce qu'on peut faire là-dedans?

MADAME DUMONT.

Mademoiselle Sachet n'est pas enchantée.

MADEMOISELLE SACHET.

J'ai regardé par les fenêtres; on ne voit que des arbres et de l'herbe. Où donc va-t-on à la promenade ?

M. LEFRANC.

Dans tout ce que vous avez vu.

MADEMOISELLE SACHET.

Il n'y a personne; il n'y a seulement pas de chaises.

MADAME DUMONT.

Il est certain que pour quelqu'un qui ne connaît que les bouvelards et les Tuileries, c'est un peu triste; mais c'est le propre de ces endroits-ci. Je me suis promenée plus de cent fois dans le parc de Versailles sans rencontrer un chat.

MADEMOISELLE SACHET.

Moi qui me suis fait de si jolies robes!

MADAME DUMONT, avec un peu d'ironie.

C'est un sujet de désolation, il faut en convenir. (A M. Lefranc.) Cela n'empêche pas que pour moi, qui ai toujours aimé ce qui avait un air de grandeur, cette habitation ne me paraisse assez bien, sauf les chemins pour y arriver.

MADEMOISELLE SACHET.

Le domestique de madame me disait tout à l'heure qu'il ne faudrait pas dix voyages comme cela pour mettre la calèche hors d'état de servir.

MADAME DUMONT.

Vous voyez bien, monsieur Lefranc.

M. LEFRANC.

Mais, Madame, on fait de beaux chemins quand on veut.

MADAME DUMONT.

Pourquoi alors madame de Monval n'en faisait-
elle pas faire?

M. JACOB.

Elle sortait si rarement.

MADAME DUMONT.

Mais les gens qui venaient la voir.

M. JACOB.

On les avertissait de prendre garde aux endroits
dangereux.

MADEMOISELLE SACHET.

Ce n'est pas tout-à-fait la même chose.

MADAME DUMONT.

Laissez-moi donc faire une question, mademoiselle Sachet. (A M. Jacob.) Avec quoi fait-on des chemins?

M. JACOB.

Avec des pierres, Madame.

MADAME DUMONT.

En trouve-t-on ici?

MADELAINE.

Hélas! Madame, que trop. On ne laboure pas de
fois qu'on ne casse deux ou trois socs.

MADAME DUMONT.

Dites-moi donc cela. C'est la première chose que
je ferai faire à mes paysans. A propos, il ne faut
pas oublier que j'ai promis de les recevoir.

M. LEFRANC.

Madelaine, voyez à les rassembler.

M. JACOB.

Je vais aller avec elle.

(Il sort avec Madelaine.)

SCÈNE VIII.

MADAME DUMONT, MADEMOISELLE SACHET,
M. LEFRANC.

MADAME DUMONT.

Ces pauvres gens! Ils doivent être affamés de voir une dame. D'après la réception qu'ils m'ont faite, ils paraissent assez dévoués.

M. LEFRANC.

Entièrement.

MADAME DUMONT.

Le village est-il nombreux?

M. LEFRANC.

A peu près une soixantaine de familles.

MADAME DUMONT.

Pas davantage?

M. LEFRANC.

Je ne crois pas.

MADEMOISELLE SACHET.

Et tout cela vous appartiendra, Madame?

MADAME DUMONT, à M. Lefranc.

Mademoiselle Sachet s'imagine que c'est un grand bonheur. C'est un grand fardeau.

MADEMOISELLE SACHET.

Madame les recevra-t-elle assise ou debout?

MADAME DUMONT.

Assise ! Y pensez-vous, mademoiselle Sachet?

MADEMOISELLE SACHET.

Dame ! dans les tragédies, dans les mélodrames, dans les opéras comiques, les princesses, les reines qui reçoivent le peuple sont toujours assises.

MADAME DUMONT.

Taisez-vous donc avec vos princesses de mélodrame. Les princesses de mélodrame ne reçoivent que du peuple de mélodrame. Ici, tout est vrai. Ne faut-il pas que je leur parle à tous, que je m'approche d'eux, que je les apprivoise? Dans des jours comme ceux-ci, il faut se prodiguer.

MADEMOISELLE SACHET.

J'admire madame, quand elle n'aurait jamais fait autre chose de sa vie.

MADAME DUMONT.

Tout vous étonne. Je rentre dans ma position naturelle.

M. LEFRANC, regardant du côté de la porte.

Je ne sais pas ce qui les retient.

MADAME DUMONT.

Ni moi non plus.

M. LEFRANC.

Quelque dispute de préséance peut-être.

MADAME DUMONT.

Ce serait à mourir de rire.

M. LEFRANC.

Il faut que j'en aie le cœur net.

(Il sort.)

SCÈNE IX.

MADAME DUMONT, MADEMOISELLE SACHET.

MADAME DUMONT.

Causons un peu, mademoiselle Sachet. Vous savez l'amitié que j'ai pour vous; mais je vous assure
que vous finirez par me compromettre ici. Tout
vous ahurit, tout vous rend stupéfaite. Parce que
j'ai été parfumeuse, vous ne voulez toujours voir en
moi qu'une parfumeuse; vous savez pourtant bien
de quelle manière je l'ai été. Jamais je n'ai parlé
qu'aux pratiques qui en valaient la peine; encore
ne disais-je tout juste que ce qu'il fallait dire. La
preuve que je me distinguais des autres marchandes,
c'est que dans tout le quartier, vous ne l'ignorez
pas, jamais on ne m'appelait autrement que la
reine.

MADEMOISELLE SACHET.

C'est vrai, Madame.

MADAME DUMONT.

Allors, qu'est-ce donc qui vous interloque dans ce qui se passe aujourd'hui.

MADEMOISELLE SACHET.

Rien ne m'interloque.

MADAME DUMONT.

Pardonnez-moi. Vous venez de me dire devant monsieur Lefranc : « J'admire madame ; quand elle n'aurait jamais fait autre chose de sa vie. » Qu'est-ce donc que j'ai fait de si extraordinaire? Toute femme qui le voudra fera toujours très-bien la reine. Quand il ne s'agit que de représenter, c'est si facile ; à moins d'être une buse, on ne manque pas cela. Si vous n'aimez pas la campagne, il faut le dire ; mais je ne veux pas être gênée dans mes mouvemens. Aimez-vous la campagne?

MADEMOISELLE SACHET.

Je me plairai toujours avec madame.

MADAME DUMONT.

Ce n'est pas répondre.

MADEMOISELLE SACHET.

Je ne connaissais pas encore la grande campagne. J'en avais bien lu quelque chose, et j'avouerai à madame que ça ne me paraissait pas bien beau ; mais ce n'est pas comme de voir.

MADAME DUMONT.

Dans quoi en aviez-vous lu?

MADEMOISELLE SACHET.

Dans un livre de son pays, que monsieur Frimann m'avait prêté. Il est de la campagne, lui, il est de la Suisse. Tout ce qui m'en est resté, c'est que les paysans et les paysannes ne sont guère propres toujours, et qu'ils sont bien effrontés.

MADAME DUMONT.

Qu'est-ce que vous dites donc?

MADEMOISELLE SACHET.

Si c'est dans ce pays-ci comme c'était dans ce livre-là qu'on appelle, je crois, les Idylles de Gessner, je ne pourrai pas m'empêcher de leur dire ce que je pense. Ils se font l'amour au bord des ruisseaux.

MADAME DUMONT, éclatant de rire.

Vous croyez que ce sont des ruisseaux comme à Paris?

MADEMOISELLE SACHET, d'un air piqué.

Ça a beau être des ruisseaux de campagne, c'est toujours des ruisseaux.

MADAME DUMONT.

Ne vous fâchez pas, mademoiselle Sachet, ne vous fâchez pas. Voilà des messieurs qui entrent; je vous expliquerai cela une autre fois.

SCÈNE X.

MADAME DUMONT, MADEMOISELLE SACHET, M. DES CONTOURS, UN BRIGADIER DE GENDARMERIE.

MADAME DUMONT, *allant au-devant de ces deux derniers avec un air agréable.*

Je ne puis pas douter qu'on ait l'intention de me donner une fête, puisque je vois un uniforme de gendarme. Qui êtes-vous, s'il vous plaît, Messieurs ?

M. DES CONTOURS, *montrant le brigadier.*

Madame, monsieur est le brigadier de gendarmerie du canton.

LE BRIGADIER.

Qui me fera-z-honneur, moi et mes hommes, de vous protéger dans tous les cas qui le requèreront.

MADAME DUMONT.

De me protéger !

M. DES CONTOURS.

Il veut dire vos propriétés.

LE BRIGADIER.

Vos propriétés et toutes vos appartenances.

MADAME DUMONT, avec ironie.

Je suis très-sensible (Au baron.) Et vous, monsieur ?

M. DES CONTOURS.

Je suis le baron des Contours, Madame, maire de cette commune, et propriétaire d'une terre qui relève de la vôtre.

MADAME DUMONT, bas à mademoiselle Sachet.

Qui relève de la mienne ! Vous ne comprenez pas cela, vous. (Haut.) Ainsi, Messieurs, à vous deux, vous représentez le civil et le militaire. Pourquoi le curé ne vous a-t-il pas accompagnés ? c'eût été plus complet. Je me réserve de lui en faire des reproches ? Est-on religieux ici ?

LE BRIGADIER.

Pas autant que je le désirerais bien, Madame. Nous n'avons point d'octroi ; le vin est trop bon marché ; et surtout dans les temps de vendanges, moi et mes hommes nous avons toutes les peines du monde inimaginables à empêcher de danser dans les cabarets.

MADEMOISELLE SACHET.

On empêche donc de danser ici ?

LE BRIGADIER.

Sur la place publique et dans les cabarets ; mais les personnes comme madame, nous fermons les yeux.

Monsieur le baron, voilà qui est drôle.

SCÈNE XI.

LES PRÉCÉDENS, M. LEFRANC, MADELAINE
ENSUITE JEANNETTE, SA MÈRE ET M. JACOB
à la tête des paysans.

M. LEFRANC.

Enfin je vous les amène, Madame. Je ne m'étais
pas trompé; c'était à qui vous chanterait la chanson
du pays. Ce n'était pas un petit embarras que de
leur faire entendre raison. Ils ont tiré au sort.

LE BRIGADIER.

Au sort! Vous n'aviez qu'à m'avertir. Ah! parbleu!

M. JACOB.

Du silence, et saluez tous madame.

(Les paysans saluent.)

MADAME DUMONT, leur faisant des signes de tête.

Bonjour, mes amis, bonjour, bonjour. J'ai
grand plaisir à me trouver au milieu de vous. Monsieur le brigadier, faites-les ranger de chaque
côté du salon pour que je puisse les voir comme
il faut.

LE BRIGADIER, se précipitant au milieu de la foule.

Allons, allons, vous autres.

MADAME DUMONT, *élevant la voix.*

Pas de violence.

M. DES CONTOURS.

Dans tout ce qui est ici, il n'y a pas un cœur qui ne batte pour vous, Madame.

MADAME DUMONT.

Je vous assure, monsieur le baron, que je suis bien émue aussi. (*Elle fait quelques pas, et se place entre les deux rangées de paysans, accompagnée du baron et suivie du brigadier.*) Mes enfans, j'espère que quand nous nous connaîtrons, nous serons contens les uns des autres ; c'est pourquoi je veux bien vous dire que je suis sévère, mais juste, mais bonne. J'encouragerai le travail et l'industrie. Les hommes laborieux, les bons pères de famille peuvent compter sur ma protection, et, Dieu aidant, je tâcherai de leur donner, comme notre bon Henri IV, l'espoir d'avoir la poule au pot tous les dimanches.

M. JACOB, *bas à M. Lefranc.*

Cela ne la ruinera pas.

LE BRIGADIER, *s'approchant de M. Jacob.*

Faudrait-il pas leur faire crier vive...... Comment qu'elle s'appelle ?

M. JACOB, *bas au brigadier.*

Madame Dumont.

MADAME DUMONT, *à M. Lefranc.*

Que dites-vous de mon petit discours? Quand

vous, croyiez que je dormais dans la voiture, c'était à cella que je pensais.

TOUS LES PAYSANS.

Vive madame Dumont!

MADAME DUMONT.

Et vous aussi, mes amis. Je vous porte tous dans mon cœur. (*Mademoiselle Sachet s'essuie les yeux.*) Bonne Sachet, je ne pleure pas, mais je n'en vaux guère mieux.

M. JACOB.

A présent, la chanson.

MADAME DUMONT.

Pas encore, monsieur Jacob; ne m'accablez pas tout d'un coup; ils sont parfaits pour moi. Ciel! quelle journée! Sachet, avancez-moi un siège. (*Elle s'assied.*) Asseyez-vous aussi, ma chère; vous en avez besoin. (*Jeannette s'avance.*) C'est donc vous, ma petite, qui allez chanter? Regardez-la donc, Sachet; elle est jolie comme un ange.

LA MÈRE DE JEANNETTE, *secouant sa fille par le bras.*

Eh bien! qu'est-ce qu'on répond?

JEANNETTE.

Je ne sais pas, ma mère.

LA MÈRE.

Madame est bien honnête.

JEANNETTE.

Madame est bien honnête.

MADAME DUMONT.

Voyons la chanson.

JEANNETTE, chantant.

Air : *Or nous dites, Marie.*

« La meilleure des dames
« Vous savez que c'est vous.

MADAME DUMONT, souriant avec emotion.

Mais vraiment non, ma petite, je n'en sais rien.

M. DES CONTOURS, se penchant vers madame Dumont.

Dans ce village-ci, depuis un temps immémorial,
leur dame a toujours eu le privilège d'être la meilleure des dames. Vous ne voulez pas faire excep-
tion.

MADAME DUMONT.

C'est trop avantageux. (A Jeannette.) Pardon, ma
belle, recommencez.

JEANNETTE, chantant.

La meilleure des dames
Vous savez que c'est vous.
Dans le fond de nos ames
Nous vous chérissons tous
De quelques fleurs nouvelles
Acceptez le présent ;
C'est l'image fidelle
Du cœur de vos enfans.

MADAME DUMONT.

C'est très-joli. Qui est-ce qui a fait cette chan
son-là ?

PLUSIEURS PAYSANNES.

Personne, Madame. Nous la savons tous.

MADELAINE.

C'était ma grand'-mère qui la chantait bien.

JEANNETTE.

Ce n'est pas fini.

MADAME DUMONT.

Il y en a encore?

JEANNETTE.

Oui, Madame.

MADAME DUMONT.

Tant mieux.

JEANNETTE, chantant.

Tous les dieux du Parnasse
Vous comblent de leurs dons;
Car vous avez la grace
De la belle Judon.

MADAME DUMONT.

Judon ? Qu'est-ce que c'est que celle-là ?

M. DES CONTOURS.

C'est Junon qu'elle devrait dire.

MADAME DUMONT.

Ah ! j'y suis ; la déesse de la sagesse.

M. DES CONTOURS.

Non, pas tout-à-fait. La déesse de la sagesse, c'était Minerve.

MADAME DUMONT.

Vous avez raison, monsieur le baron, vous avez raison. Mais depuis que ce n'est plus la religion dominante, il est bien permis de s'embrouiller un peu sur tout cela. (A Jeannette.) Ne vous fatiguez pas, mon enfant, je suis très-contente. (Elle tire un fichu de son sac.) Tenez. Heureusement j'avais ce petit fichu-là avec moi; je vous le donne.

LA MÈRE DE JEANNETTE.

Est-ce qu'on ne remercie pas?

JEANNETTE.

Merci, Madame. (Jeannette se retire et est entourée de toutes les paysannes qui veulent voir le fichu.)

MADAME DUMONT.

Adieu, mes enfans. Nous nous reverrons bientôt. J'emporte dans mon cœur des souvenirs qui ne s'effaceront jamais. (Le brigadier frappe dans ses mains.)

TOUS LES PAYSANS.

Vive madame Dumont!

MADAME DUMONT.

Oui, mes enfans, je crois à votre amour; j'ai besoin d'y croire. (Les paysans se disposent à sortir: madame Dumont s'approche de M. des Contours.) Il me vient une idée qui leur fera plaisir. (Au brigadier.) Rappelez-les.

LE BRIGADIER , aux paysans.

Ne vous en allez pas; on a encore besoin de vous.

MADAME DUMONT.

Mes amis, je suis très-poltronne en voiture; vos chemins sont détestables; j'ai encore une heure ou deux à passer dans ce château; allez tous combler les plus mauvais pas qui se trouvent d'ici à Saint-Martin. Vous aurez du courage; c'est pour moi que vous travaillerez, pour votre dame. (Les paysans restent sur place : madame Dumont les congédie en leur faisant de petites salutations.) Allez. (Ils ne bougent pas.) Allez. Je n'ai plus rien à vous dire. (A M. Jacob.) Est-ce qu'ils ne m'ont pas comprise?

M. JACOB.

Vous avez peut-être parlé un peu trop vite pour eux. (Bas à M. Lefranc.) Diable de femme! Comment allons-nous faire?

M. LEFRANC.

Elle prend tout cela au sérieux.

MADAME DUMONT, au brigadier.

Vous devez connaître leur jargon, vous, monsieur le brigadier. Parlez-leur donc.

LE BRIGADIER.

Oui, Madame. (Aux paysans.) Qu'on me suive. Nous allons nous expliquer dehors.

(Le brigadier sort avec les paysans.)

4.

M. LEFRANC, bas à M. Jacob.

Voyons à nous en tirer au meilleur marché possible. C'est un sacrifice indispensable.

(M. Lefranc et M. Jacob sortent.)

SCÈNE XII.

MADAME DUMONT, M. DES-CONTOURS, MADEMOISELLE SACHET.

MADAME DUMONT.

Êtes-vous enfin raccommodée avec les paysans, mademoiselle Sachet?

MADEMOISELLE SACHET.

En vérité, Madame, j'en suis à ne pas pouvoir parler. Quelles excellentes créatures! et bien propres. Il y avait là-dedans des figures, si c'était habillé à la mode de Paris....

MADAME DUMONT.

C'est comme un miracle que de se trouver tout de suite aimée par autant de monde.

M. DES CONTOURS.

Vous devez être accoutumée à ces miracles-là.

MADAME DUMONT.

Je vous assure que non. Vous voudrez bien me présenter à madame la baronne.

M. DES CONTOURS.

Il n'y a pas de madame la baronne, Madame.

MADAME DUMONT.

Vous êtes veuf?

M. DES CONTOURS.

Je n'ai pas encore été marié.

MADAME DUMONT.

Quelles sont donc les dames que je verrai ici?

M. DES CONTOURS.

Le voisinage est très-bien habité, les châteaux se touchent; une demi-lieue, une lieue tout au plus.

MADAME DUMONT.

Avec de bons chevaux, ce n'est rien.

M. DES CONTOURS.

Vous y trouverez la même conversation, les mêmes usages qu'à Paris, une bienveillance peut-être plus marquée, comme lorsqu'on se fait besoin les uns aux autres.

MADAME DUMONT.

Je comprends. Il semble qu'on ait juré de vivre en famille.

M. DES CONTOURS, avec hésitation.

Comme nous sommes tous de la même classe....

MADAME DUMONT.

Eh quoi! au milieu des champs?

M. DES CONTOURS.

Où la vanité ne se glisse-t-elle pas? Il y a peu d'années, j'ai vu beaucoup d'hésitation pour savoir si on accueillerait la veuve d'un très-riche fabricant de Normandie, qui était venue acheter une des plus belles propriétés de ce canton. Demandez-moi pourquoi.

MADAME DUMONT.

Alors je vous demande pourquoi?

M. DES CONTOURS.

Une femme remplie de qualités, belle, ayant des manières excellentes, remarquable par son esprit...

MADAME DUMONT.

Que lui reprochait-on?

M. DES CONTOURS , s'efforçant de rire.

Une niaiserie, une pauvreté; ce que nos dames appelaient son origine bourgeoise.

MADAME DUMONT.

Quelle extravagance!

M. DES CONTOURS.

Quelques mois après, elle s'est remariée à un des nôtres, à un homme de nom....

MADAME DUMONT , avec une intention marquée

Eh bien?

M. DES CONTOURS.

Ce n'a plus été cela du tout. Les plus difficles se

sont jetées à sa tête, et c'est une adoration générale
à l'heure qu'il est.

MADAME DUMONT.

Vous me rassurez pour cette pauvre veuve de fabricant. Un homme de nom, un mari qui est des
vôtres, je conçois. Mais, monsieur le baron, vous
m'avez dit que votre terre relevait de celle-ci. J'ai
assez de lecture pour savoir que, dans les anciens
temps, vous auriez été tenu à me prêter aide et
assistance lorsque je vous en aurais requis.

M. DES CONTOURS.

Ce que j'aurais fait alors par devoir, je le ferais aujourd'hui par un sentiment beaucoup plus
doux.

MADAME DUMONT.

Dites-moi donc, ces péronnelles si vaines de leur
classe et de leur rang connaissent-elles seulement
mon origine? Elles seront bien étonnées, je crois,
quant à la place de ces caricatures d'aïeux de madame de Monval, que j'ai trouvées là-haut dans
une espèce de galerie, j'aurai substitué les portraits
de mes ancêtres, et qu'elles y verront figurer un
roi, en première ligne.

M. DES CONTOURS.

Un roi!

MADAME DUMONT.

Oui, monsieur le baron, un roi, le roi Louis XV.

Ma grand'mère viendra ensuite, qui était une des plus belles femmes de l'époque, puis ma mère.

MADEMOISELLE SACHET.

Et monsieur Dumont.

MADAME DUMONT.

Paix donc, mademoiselle Sachet. Monsieur Dumont! Est-ce que monsieur Dumont a jamais été mon ancêtre? Monsieur Dumont ne m'était rien du tout; monsieur Dumont n'était que mon mari. (A monsieur des Contours.) Je vous demande, Monsieur, si une telle origine trouvera grace aux yeux de vos superbes voisines?

MADELAINE, à la porte.

Mamzelle, pourriez-vous venir deux petites minutes?

MADAME DUMONT, à mademoiselle Sachet.

Allez, mademoiselle Sachet. (Mademoiselle Sachet sort avec Madelaine.) Je ne conçois pas, quand on peut mettre cent mille écus à une terre, comment il se trouve des gens qui aient la folie de balancer à vous voir.

M. DES CONTOURS.

Elles y regarderont peut-être à deux fois à présent qu'elles ont un exemple. Vous êtes veuve aussi; vous pouvez faire un choix, acquérir un titre....

MADAME DUMONT.

Que cela m'arrive ou non, je renonce dès ce moment à avoir rien de commun avec elles. Je n'ai pas de vanité, mais je suis très-fière. Le ciel m'a fait rencontrer de bons paysans qui n'ont pas hésité à me donner leur affection; je ne veux plus m'occuper que de faire leur bonheur. Au milieu de ces gens simples et naïfs, j'oublierai facilement que je suis entourée de sottes qui ne valent seulement pas la peine qu'on pense à elles.

MADEMOISELLE SACHET, rentrant.

Hélas! mon dieu, Madame, comment allons-nous faire? Voilà toutes les filles et toutes les femmes du pays qui sont comme des harpies autour de la petite à qui vous avez donné un fichu, et qui lui disent qu'elle ne l'a pas plus mérité que les autres.

MADAME DUMONT.

Qu'on est heureux d'habiter un pays où un chiffon peut faire autant d'envieux! (A mademoiselle Sachet.) Prenez, dans la chambre à côté, ce grand schall qui m'a servi dans la route, coupez-le en autant de carrés qu'il vous sera possible, et vous les leur distribuerez; cela les apaisera peut-être.

MADEMOISELLE SACHET.

Je n'en sais rien. Si madame les voyait...

MADAME DUMONT.

Allez, allez toujours.

(Mademoiselle Sachet sort.)

SCÈNE XIII.

MADAME DUMONT, M. DES CONTOURS.

MADAME DUMONT.

Ce n'est pas la valeur du fichu, j'en suis bien persuadée ; mais quelque chose qui vient de moi ! de leur dame ! Vos paysans vous aiment-ils autant que cela, monsieur le baron ?

M. DES CONTOURS.

Ce sont les mêmes.

MADAME DUMONT.

Mes paysans sont aussi les vôtres ?

M. DES CONTOURS.

Vous en êtes fâchée ?

MADAME DUMONT.

Cela me déroute.

M. DES CONTOURS

Pour moi, cela m'enchante. Ce sera au moins quelque chose de commun entre nous.

MADAME DUMONT.

Vous êtes bien honnête, Monsieur ; mais qu'est-ce que j'aurai donc pour mes trois cent mille francs?

M. DES CONTOURS.

Je n'ose pas vous dire toute ma pensée.

MADAME DUMONT.

Avec moi, on ne risque jamais rien ; on peut me parler franchement.

M. DES CONTOURS, d'un ton insinuant.

Si je le croyais!

MADAME DUMONT, avec dignité.

C'est sans doute quelque chose de sérieux que vous avez à me dire, Monsieur?

M. DES CONTOURS.

Oui, Madame, mais j'hésite encore. Je ne sais pas si l'intérêt qu'il est impossible de ne pas prendre à vous du moment qu'on a eu le bonheur de vous voir, m'autorise à vous avouer....

MADAME DUMONT.

A m'avouer?

M. DES CONTOURS.

Quand ce ne serait que par simple probité, il me semble que je devrais encore vous avertir qu'on veut vous vendre cette terre beaucoup plus qu'elle ne vaut.

MADAME DUMONT.

Combien donc l'estimez-vous?

M. DES CONTOURS.

Je sais qu'on en a refusé une fois deux cent trente mille francs, et qu'on l'a bien regretté depuis.

MADAME DUMONT.

Mais alors qu'est-ce que ce serait donc que ce monsieur Lefranc?

SCÈNE XIV.

MADAME DUMONT, M. DES CONTOURS, MADEMOISELLE SACHET.

MADAME DUMONT.

Venez, venez, mademoiselle Sachet. Ah! quel service monsieur le baron vient de me rendre! On me faisait payer cette terre soixante-dix mille francs au-dessus de sa valeur.

MADEMOISELLE SACHET.

Sainte Vierge! est-il permis? Surfaire autant une vieille campagne!

M. DES CONTOURS.

Que ceci reste entre nous, je vous prie. Je puis faire un voyage à Paris; je connais le jeune Monval, je le conduirai chez vous. Il est majeur, nous traiterons avec lui sans intermédiaire, et je suis sûr que vous vous en trouverez bien.

MADAME DUMONT.

Monsieur, je ne veux pas vous donner tout cet embarras.

M. DES CONTOURS.

Si vous saviez, Madame, le plaisir que cela me fait.

MADAME DUMONT.

Ce serait une grande obligation que je contracterais avec vous.

M. DES CONTOURS.

Il ne tient qu'à vous de vous acquitter tout de suite, en acceptant le diner que je vous ai fait préparer chez moi.

MADAME DUMONT.

Chez un garçon !

MADEMOISELLE SACHET.

A la campagne.

MADAME DUMONT.

A la campagne, à la campagne tant que vous voudrez, mademoiselle Sachet; mais cependant.....

MADEMOISELLE SACHET.

Vous alliez bien diner chez monsieur du Cerceau, à Auteuil.

MADAME DUMONT.

Monsieur du Cerceau est un de mes anciens amis.

M. DES CONTOURS.

Il est vrai que je n'ai pas le même avantage.

MADAME DUMONT.

Mais il y a commencement à tout, allez-vous dire. Eh bien ! monsieur le baron, j'accepte; mais j'y mets une condition, c'est que ce sera moi qui me chargerai de vous conduire à Paris.

M. DES CONTOURS.

Ah! Madame.

MADAME DUMONT, avec gaieté.

C'est comme cela, ou je ne dîne pas chez vous. J'y trouve d'ailleurs un très-bon arrangement; ma calèche ne pouvant tenir qu'une personne sur le devant, je me vois par-là tout naturellement débarrassée de ce vilain monsieur Lefranc, qui reviendra à Paris comme il pourra.

MADEMOISELLE SACHET.

Sans savoir jusqu'à quel point il était trompeur, dans mon petit particulier, je trouvais que madame montrait trop d'empressement.

MADAME DUMONT.

Le moyen de s'en défendre? Ces bonnes pâtes de paysans avaient l'air si contens de m'avoir pour maîtresse ! C'est entraînant.

SCÈNE XV.

MADAME DUMONT, M. DES CONTOURS, MADE-
MOISELLE SACHET, LA MÈRE CHAUVEL.

LA MÈRE CHAUVEL.

Madame, j'aurais autant aimé ne pas venir vous
troubler; mais je prends mon cœur par autrui, et,
en conscience, on ne peut pas y tenir quand on
voit ne promettre que dix sous par chaque homme
qui ira travailler à la route que vous avez ordonné
de réparer.

MADAME DUMONT.

Qu'est-ce que vous dites, bonne femme?

LA MÈRE CHAUVEL.

Défunte ma maîtresse, madame de Monval, Dieu
veuille avoir son ame! était plus juste que ça, sans
la flatter.

MADAME DUMONT, à M. des Contours.

Je ne la comprends pas.

LA MÈRE CHAUVEL.

Aussi ont-ils envoyé promener monsieur Jacob
et le tuteur de notre jeune maître, et ils ont bien
fait.

MADAME DUMONT.

A qui en a-t-elle?

LA MÈRE CHAUVEL.

Ce n'est pas que je sois portée pour les paysans, ce sont tous des races qui mangeraient les maîtres s'ils le pouvaient ; mais aujourd'hui je ne peux pas leur donner tort. Ça vaut vingt sous par homme, et une demi-bouteille de vin, parce que ce n'est pas de l'ouvrage ordinaire, qu'il faut que ça soit fait tout de suite, et que du hâle qu'il y a, la terre est ben dure.

MADAME DUMONT.

Mais puisqu'ils savent que c'est pour moi qu'ils travailleront, cela doit leur suffire. Qu'est-ce qu'ils demandent de plus ?

LA MÈRE CHAUVEL.

Vingt sous par chaque homme et une demi-bouteille de vin.

MADAME DUMONT.

Mais, bonne femme, je vous répète que c'est pour moi, pour moi.

LA MÈRE CHAUVEL.

Parguenne ! la bonne femme n'est pas sourde.

MADAME DUMONT.

Eh bien ?

LA MÈRE CHAUVEL.

Eh ben ?

MADAME DUMONT.

Je suis leur maîtresse.

LA MÈRE CHAUVEL.

Aussi, c'est-i pour ça. Notre ancienne dame leur aurait donné le double.

MADAME DUMONT.

Parlez-lui donc, monsieur le baron; moi, j'y renonce.

LA MÈRE CHAUVEL.

Vous y renonçais parce que je ne vois que trop que vous avais dans l'idée qu'ils devraient faire toutes vos fantaisies pour rien. Où c'est-il jamais arrivé? Quand monseigneur est passé à Saint-Martin, il n'a pas payé les politesses qu'on lui a faites, c'est vrai; mais en arrière, le prix était convenu, comme ça se fait toujours. Sans ça, est-ce qu'il y a des politessés?

M. DES CONTOURS.

En voilà assez, mère Chauvel.

LA MÈRE CHAUVEL, entre ses dents.

Ces dames de Paris....

M. DES CONTOURS.

Dites-leur d'aller travailler à la route, et que je m'en charge.

LA MÈRE CHAUVEL.

Pardon, monsieur le maire ; mais vous savais qu'il y a des gens pour qui on n'aime à travailler que l'argent à la main.

M. DES CONTOURS.

Voulez-vous bien vous taire. (A madame Dumont.) Depuis le morcellement des propriétés, depuis que ces gens là possèdent, on ne peut plus en jouir. Comme elle le dit, il faut toujours avoir l'argent à la main avec eux.

MADAME DUMONT.

Pourquoi les laisse-t-on posséder? Il faut les forcer à vendre.

M. DES CONTOURS.

En attendant, je vais les forcer à réparer la route.

LA MÈRE CHAUVEL.

Ah! ben, oui.

M. DES CONTOURS, à la mère Chauvel.

Sortez. (A madame Dumont.) Vous pouvez compter sur un bon chemin pour le retour.

MADAME DUMONT.

Vous n'oublierez pas de dire à ces messieurs que nous dînons chez vous.

M. DES CONTOURS.

Non, Madame.

(Il sort avec la mère Chauvel.)

SCÈNE XVI ET DERNIÈRE.

MADAME DUMONT, MADEMOISELLE SACHET.

MADEMOISELLE SACHET.

Savez-vous, Madame, que c'est étonnant?

MADAME DUMONT.

Qu'est-ce qui vous paraît étonnant?

MADEMOISELLE SACHET.

Je ne sais pas, Madame.

MADAME DUMONT.

Je vais vous le dire, moi. Ce qui est étonnant,
c'est une femme de mon âge et de mon expérience
qui fait quarante lieues pour venir voir une terre
sans avoir demandé ce qu'elle avait de revenu.

MADEMOISELLE SACHET.

J'ai cru que madame ne cherchait que de l'embarras; aussi, quand j'ai vu tout celui qu'on a fait
à notre arrivée, et que madame était si attendrie,
je me suis dit en moi-même : C'est peut-être là ce
qu'on appelle une terre.

MADAME DUMONT.

Je n'ai pas été attendrie.

MADEMOISELLE SACHET.

Pardonnez-moi. Madame n'a pas caché qu'elle
avait de l'émotion.

MADAME DUMONT.

Ah! oui, de l'émotion. Mais pour peu qu'on s'y prête, on a de l'émotion quand on veut; on n'est pas attendrie pour cela. En définitive, j'aurai fait un voyage agréable; je pourrai dire que je sais par moi-même ce que c'est qu'une réception de princesse, même avec les dessous de cartes dont une princesse ne se doute guère. Un baron m'aura fait la cour; je serai la cause de la réparation d'un mauvais chemin; et, pour revenir à Paris, j'aurai troqué un compagnon de voyage que je ne veux plus voir, contre un homme agréable qui me divertira pendant la route.

MADEMOISELLE SACHET.

Et qui vous fera acheter cette terre à meilleur marché.

MADAME DUMONT.

Qui ne me fera rien acheter du tout. Je lui rendrai à Paris le dîner qu'il va me donner aujourd'hui, et nous serons quittes.

MADEMOISELLE SACHET.

Madame ne l'avertira même pas?

MADAME DUMONT.

Pourquoi donc avertir? On a cru se moquer de la parfumeuse, on n'aura réussi qu'à l'amuser. A présent, me fît-on des réceptions encore plus magni-

fiques que celle d'aujourd'hui, me tirât-on plus de
coups de fusil, sonnât-on un plus grand nombre de
cloches, je me rappellerai que, dans les affaires
d'argent surtout,

IL NE FAUT PAS QUE LA FORME EMPORTE LE FOND.

LE SERMON
DE SOCIÉTÉ,

OU

LES ACTES SONT DES MALES

ET

LES PAROLES SONT DES FEMELLES.

6

PERSONNAGES.

Madame de SELMAR.

M. DRAVEL, oncle de madame de Selmar.

M. ÉMERY.

Madame ÉMERY.

Madame de VERSEUIL.

ARTHUR.

M. de CAMBROUZE.

Madame de CAMBROUZE.

Deux Messieurs.

Mademoiselle VERDIER, femme de charge.

JOSEPH, jeune commissionnaire.

La scène se passe à Paris, chez madame de Selmar.

Le théâtre représente un arrière-salon.

LE SERMON
DE SOCIÉTÉ.

SCÈNE I.

MADAME DE SELMAR, M. DRAVEL.

MADAME DE SELMAR.

Mais, mon oncle, pourquoi ne voulez-vous pas entrer dans le salon ?

M. DRAVEL.

Parce que ma condition, en venant ce soir chez toi, a été que je ferais ce que je voudrais, et que ce que je veux est de rester seul dans cette pièce, au coin du feu, tandis que vous écouterez votre sermon.

MADAME DE SELMAR.

Vous auriez aussi chaud là-dedans qu'ici, et vous y verriez du monde, de jolies femmes, des parures.

M. DRAVEL.

Cela ne me tente pas.

MADAME DE SELMAR.

Je crains qu'on ne vous trouve un peu extraordinaire.

M. DRAVEL.

Eh bien! je vous trouverai un peu extravagans, et nous serons quittes.

MADAME DE SELMAR.

En quoi extravagans!

M. DRAVEL.

Je l'ai déjà dit l'autre jour. Parce que tu as su que quelques personnes avaient donné des sermons, tu as voulu avoir le tien; c'est fou. Cette prédication en chambre a l'air d'une parodie. Manque-t-on de sermons quand on a ce goût-là? Qu'est-il nécessaire d'en attirer chez soi?

MADAME DE SELMAR.

C'est jusqu'ici la manière la plus distinguée de passer une soirée, et vraiment, mon oncle, la moins coûteuse. Le prédicateur a toujours une œuvre pour laquelle il fait une quête; cela ne vous regarde — pas. Votre société en fait les frais. Vous n'avez besoin ni de tapissier, ni de décorateur, comme pour un bal, un concert ou des proverbes; pas de répétitions; vous n'avez affaire qu'à un seul homme. C'est comme une lecture, et c'est d'un style beaucoup plus relevé.

M. DRAVEL, avec gaieté.

Tu n'a pas le sens commun.

MADAME DE SELMAR.

Plus que vous ne croyez, mon oncle. Cela se sait en haut, et y fait très-bon effet.

M. DRAVEL.

Je commence à comprendre.

MADAME DE SELMAR.

Mon mari est un excellent homme; mais, quand on a dit cela, on a à peu près tout dit. Si je puis donner à notre maison un léger vernis de dévotion, nous aurons plus de facilité pour obtenir quelque chose qui nous tenterait assez dans ce moment-ci.

M. DRAVEL.

Ah ! tu en es déjà là ?

MADAME DE SELMAR.

C'est le fruit de l'expérience, mon cher oncle. Je ne voyais que des gens qui me disaient : « J'espère, madame de Selmar, que vous aurez le courage de résister à la contagion. Vous êtes trop franche pour vous affubler d'aucun masque; d'ailleurs que pouvez-vous désirer? votre position est parfaite...... » Et au bout de quelque temps, tous ces gens-là étaient dé-vots et placés. Ils ne parlaient ainsi que pour dimi-nuer la concurrence; on assurait même qu'ils se moquaient de ma crédulité. C'était trop fort. Ce petit prédicateur est venu à me tomber sous la main; il cherchait à se faire connaître, moi aussi : voilà l'histoire de mon sermon.

M. DRAVEL.

Tout naturellement.

6.

MADAME DE SELMAR.

Mon Dieu ! oui.

SCÈNE II.

MADAME DE SELMAR, M. DRAVEL,
MADAME ÉMERY.

MADAME ÉMERY.

Où êtes-vous donc, ma chère amie ?

MADAME DE SELMAR.

Je parlais à mon oncle, qui ne veut pas entendre le sermon.

MADAME ÉMERY.

Comment ! monsieur Dravel, un homme comme vous, qui pense si bien !

M. DRAVEL.

Si je pense si bien, je n'ai pas besoin d'être sermonné. Allez, allez, Mesdames, suivez la mode ; mais laissez un pauvre vieillard traiter plus sérieusement que vous les choses sérieuses.

MADAME ÉMERY.

C'est positivement parce que vous êtes un vieillard, que vos cheveux blancs feraient un bon effet au milieu de toute cette jeunesse. Une foi vive et ardente a tant d'éclat dans un ancien militaire dont la poitrine est couverte de décorations.

M. DRAVEL.

On dirait que vous doutez de l'éloquence de votre jeune apôtre.

MADAME DE SELMAR.

Dame, mon oncle, c'est son début.

MADAME ÉMERY.

D'ailleurs les signes sensibles ne doivent jamais être négligés. M. Dravel a une si belle tête! et, tout justement au milieu du front, une cicatrice comme si on l'eût fait faire exprès.

M. DRAVEL.

Heureux âge que le vôtre, Mesdames!

MADAME ÉMERY.

Est-ce que vous n'approuvez pas le parti qu'elle a pris? Moi, je le trouve admirable. Un sermon sans peuple, à une heure si commode, où l'on n'est dérangé ni par des bedeaux, ni par des suisses d'église, ni par des ouvreuses de.... (Elle se reprend.) ni par des loueuses de chaises. On est tout à ce qu'on fait, bien chaudement, en bonne compagnie, c'est délicieux. On peut au moins parler à droite ou à gauche indifféremment; c'est tout gens de connaissance.

MADAME DE SELMAR.

Venez, mon oncle.

M. DRAVEL.

Je te dis que non. J'ai un trop grand inconvénient : tout le monde dort au sermon ; moi, j'y ronfle. Dans une église, cela se perd ; mais dans une chambre, vois donc un peu.

MADAME DE SELMAR.

Il y a tant de personnes à regarder ! Vous ne dormirez pas.

MADAME ÉMERY.

Je vais vous en donner un moyen sûr, moi : amusez-vous seulement à détailler la toilette de madame de Cambrouze, vous en aurez pour toute la soirée.

MADAME DE SELMAR.

Elle est aujourd'hui comme je ne l'ai jamais vue.

MADAME ÉMERY.

C'est la reine des fanfreluches.

MADAME DE SELMAR.

Venez donc, mon oncle.

M. DRAVEL.

Ah ! ça, tu en es aux sermons, c'est fort bien ; mais tu n'en es pas encore à la persécution, j'espère.

MADAME DE SELMAR.

Mon oncle, je vous laisse.

MADAME ÉMERY, bas à madame de Selmar.

Est-ce qu'il deviendrait athée, par hasard?

MADAME DE SELMAR.

En vérité, je n'en sais rien.

(Elles entrent dans le salon.)

SCÈNE III.

M. DRAVEL, un peu après ARTHUR.

M. DRAVEL.

Si c'est ainsi qu'on croit revenir aux idées saines,
le chemin est un peu détourné, il faut en convenir.

ARTHUR.

Monsieur, pourriez-vous me dire si le sermon est
déjà commencé?

M. DRAVEL.

Je ne crois pas, Monsieur.

ARTHUR, arrangeant sa cravate devant une glace.

On dine si tard à présent !

M. DRAVEL.

Et vous seriez bien fâché de manquer un sermon?

ARTHUR.

Nous avons décidé qu'il fallait être religieux.

M. DRAVEL.

Nous! Je vous demande pardon, Monsieur : qu'entendez-vous par nous?

ARTHUR.

Un société de jeunes gens dont je fais partie.

Nous ne savons pas encore ce que nous croirons ; mais comme nous voulons rester cosmopolites, nos doctrines seront simples et élevées.

M. DRAVEL.

Vous serez tolérans, du moins ?

ARTHUR, d'un air capable.

Tolérans en ce sens que nous repousserons l'analyse, qui n'est autre chose que la décomposition. Nous voulons des principes fondés sur de larges bases, il est vrai, mais dont les conséquences soient faciles à déduire ; nous reconnaîtrons des causes, afin de pouvoir reconnaître des effets ; en un mot, notre culte sera la synthèse.

M. DRAVEL.

Avec une méthode aussi claire, vous ferez beaucoup de prosélytes.

ARTHUR.

Très-certainement, pourvu que la satire ne vienne pas éloigner les faibles. Plus une chose est sérieuse, et plus il est facile de la tourner en dérision. Je suis étonné qu'on n'interdise pas la discussion sur des matières aussi importantes.

M. DRAVEL.

Vous ne voulez pas même de discussion ?

ARTHUR.

Non, Monsieur. L'esprit de discussion est un esprit de destruction. Je ne sors pas de mon système.

M. DRAVEL.

Il faut être conséquent.

ARTHUR.

Je ne sais pas si madame de Verseuil est arrivée.

M. DRAVEL.

Je ne l'ai pas vue; mais peut-être sera-t-elle entrée par l'antichambre.

ARTHUR.

Je suis venu par ici, parce qu'on m'a dit que de l'autre côté tout était plein: je vais voir.

(Il entre dans le salon.)

SCÈNE IV.

M. DRAVEL, MADEMOISELLE VERDIER.

M. DRAVEL.

Les singulières prétentions, et les drôles de docteurs!

MADEMOISELLE VERDIER.

Pardon, Monsieur; je croyais qu'il n'y avait personne dans cette pièce.

M. DRAVEL.

Entrez, entrez, mademoiselle Verdier; j'ai toujours grand plaisir à vous voir. Ne sommes-nous pas d'anciennes connaissances?

MADEMOISELLE VERDIER.

Monsieur me fait beaucoup d'honneur. Mais le feu de monsieur va-t-il, seulement?

M. DRAVEL.

Il y en a assez comme cela. Vous n'allez donc pas entendre prêcher?

MADEMOISELLE VERDIER.

Non, Monsieur. Quoique madame me l'ait permis, je ne m'en soucie pas.

M. DRAVEL.

Parce que?

MADEMOISELLE VERDIER.

Parce que, d'abord, Monsieur, ce n'est pas la place d'une femme de charge d'être dans un salon.....

M. DRAVEL.

Une femme de charge qui a élevé sa maîtresse....

MADEMOISELLE VERDIER.

. Et puis je trouve qu'avant d'être prédicateur, on devrait être charitable; et pas du tout.

M. DRAVEL.

Est-ce que le prédicateur n'est pas charitable?

MADEMOISELLE VERDIER.

Métier, Monsieur; métier; pas autre chose. Je savais qu'il devait faire une quête, et j'ai profité du temps qu'il était dans ma chambre à préparer son sermon, pour lui parler d'un petit Savoyard à qui

on a volé hier tout ce qu'il possédait. Oh bien ! oui,
il m'a joliment reçue.

M. DRAVEL.

Qu'est-ce que c'est que ce petit Savoyard ?

MADEMOISELLE VERDIER.

Un enfant charmant, Monsieur. Ça n'a pas qua-
torze ans, et ça travaille déjà, depuis dix-huit mois,
comme un pauvre petit mercenaire. C'est rempli
d'ordre ; c'est la probité même.

M. DRAVEL.

Comment l'a-t-on volé ?

MADEMOISELLE VERDIER.

Ça couche trois ou quatre dans une chambre ;
est-ce qu'on peut savoir ? Cependant il n'accuse pas
ses camarades. C'est comme un fait exprès : son petit magot était destiné à son père, qui vient de se
casser la jambe.

M. DRAVEL.

Ma nièce sait-elle cela ?

MADEMOISELLE VERDIER.

Je le lui ai dit, parce que ce petit bonhomme se
tient d'habitude à la porte de l'hôtel, et que tout
le monde l'aime ici.

M. DRAVEL.

Eh bien ?

MADEMOISELLE VERDIER.

Voilà tout.

7

SCÈNE V.

M. DRAVEL, MADEMOISELLE VERDIER, MADAME DE SELMAR.

MADAME DE SELMAR.

Oh! ma bonne, vous êtes là ; je n'en suis pas fâchée. Le sermon que nous allons avoir sera divisé en trois points ; mais le prédicateur m'a permis de faire servir des rafraîchissemens dans chaque entr'acte.

M. DRAVEL.

Dans chaque entr'acte !

MADAME DE SELMAR.

Entre chaque point, entre deux points. Cela lui donnera le temps de se reposer, et à l'auditoire aussi. Un sermon en trois points prononcé tout d'une haleine, c'est mortel pour tout le monde, vous savez bien ? Il faut avoir pitié des gens qu'on a chez soi. Avec cela, je crois que ce petit jeune homme-là réussira ; rien que sur sa mine, deux personnes me l'ont déjà demandé.

M. DRAVEL.

Aura-t-il la mesure de ce qui doit se dire dans un salon ?

MADAME DE SELMAR.

Je vous en réponds. Il est stylé par un homme qui

s'y entend. Si je vous le nommais, vous verriez qu'il n'y a rien à craindre. Cependant je lui ai parlé bien délicatement d'une petite malice que je voudrais faire; je n'ai nommé personne; mais je lui ai demandé une légère sortie contre le goût immodéré de la toilette, pour voir un peu la mine que fera madame de Cambrouze pendant ce temps-là.

M. DRAVEL.

Tu crois donc à l'efficacité des sermons?

MADAME DE SELMAR.

Au fait, c'est comme la comédie.

On y reconnaît son voisin ;
On ne veut pas s'y reconnaître.

(A mademoiselle Verdier.) Je n'ai pas besoin de vous recommander d'être bien attentive, ma bonne. Aussitôt le premier point fini, vous ferez servir des glaces et des sirops.

(Elle rentre dans le salon.)

SCÈNE VI.

M. DRAVEL, MADEMOISELLE VERDIER.

MADEMOISELLE VERDIER.

C'est singulier, Monsieur, les enfans ne changent

pas. J'ai vu madame venir au monde; elle a toujours été gaie comme elle l'est aujourd'hui; toujours la même malice. Cette espièglerie qu'elle veut faire à madame de Cambrouze, c'est bien dans son caractère, par exemple.

M. DRAVEL.

Je suis seulement fâché de la voir attirer des abbés chez elle.

MADEMOISELLE VERDIER.

Celui de ce soir n'est encore qu'un petit abbé.

M. DRAVEL.

Ces messieurs-là grandissent bien vite, mademoiselle Verdier!

MADEMOISELLE VERDIER.

Que voulez-vous y faire, Monsieur? c'est la fureur aujourd'hui, et je ne vois pas qu'on en soit meilleur. De toutes les dames qui sont venues ce matin pour savoir quelle toilette il fallait faire pour ce sermon, aucune n'a voulu écouter l'histoire de mon petit Joseph : elles ont leurs pauvres, disent-elles. Je ne sais pas comment cela se fait, tout le monde a ses pauvres, et les pauvres n'ont personne.

M. DRAVEL.

On n'entend plus remuer dans le salon, ce me semble.

MADEMOISELLE VERDIER va à la porte.

Voilà le prédicateur qui fait semblant de prier,

et l'auditoire qui fait semblant de l'imiter. Ça commence.

M. DRAVEL fait signe à mademoiselle Verdier de revenir auprès
de lui.

Vous vous intéressez donc beaucoup à cet enfant?

MADEMOISELLE VERDIER.

Comment ne s'y intéresserait-on pas? Si monsieur
le connaissait, je gage qu'il s'y intéresserait comme
moi. Il m'écoute comme si j'étais sa mère, je l'en-
tretiens dans de bons sentimens; il sait sa religion
comme un bijou. Tous les dimanches, la petite
veste et le petit pantalon de velours bleu, des sou-
liers cirés, du linge blanc, et le chapeau neuf; le
fils d'un seigneur ne serait pas plus propre. Joignez
à cela qu'il ne ferait pas le moindre ouvrage, excepté pour la maison : ça attache.

M. DRAVEL.

Allez donc écouter un peu.

MADEMOISELLE VERDIER retourne à la porte du salon, et trans-
met de temps en temps, à demi voix, les paroles qui parviennent jusqu'à elle.

Voltaire... la révolution... les athées et les phi-
losophes... Rousseau, le plus perfide de tous... la
liberté et l'égalité... l'usurpateur... la Charte... l'op-
pression sous le nom d'ordre légal...

M. DRAVEL.

Bien obligé, mademoiselle Verdier ; en voilà assez. Je sais cela par cœur.

MADEMOISELLE VERDIER.

Il n'y a pas de charité là-dedans ; au nom de quoi fera-t-il sa quête ?

M. DRAVEL.

Ne vous inquiétez pas ; quand le moment sera venu, il ne sera pas embarrassé.

MADEMOISELLE VERDIER.

Que d'argent on donne comme cela ! Où ça va-t-il ? Avec ce que coûte une soirée pareille, on pourrait faire tant de bien !

M. DRAVEL.

Ce n'est pas là la question, mademoiselle Verdier. Il est fort heureux qu'il y ait des soirées ; car il y a des glaciers, des marchandes de modes, des pâtissiers, qui mourraient de faim sans cela, eux et tous les gens qui travaillent pour eux.

MADEMOISELLE VERDIER.

Hélas ! Monsieur, vous avez grandement raison. Si ce n'était pas un sermon, s'il n'y avait pas une quête, il ne me viendrait pas de ces idées-là. Quand on donne des concerts, des bals, je n'y pense pas ; mais dans une soirée de charité, il semble que tout devrait être pour les pauvres.

M. DRAVEL.

Je crois que le premier point est fini.

MADEMOISELLE VERDIER.

Eh! mon Dieu, c'est vrai. Vite les glaces.

(Elle sort.)

SCÈNE VII.

M. DRAVEL, ensuite ARTHUR et
madame de VERSEUIL.

M. DRAVEL.

Il y a beaucoup de bon sens dans cette fille-là.
(Il passe la main sur son front.) J'ai un peu mal à la tête.
(Il s'enfonce dans son fauteuil et ferme les yeux.)

MADAME DE VERSEUIL, donnant le bras à Arthur.

Madame de Selmar m'avait dit que son oncle n'a-
vait pas voulu entrer dans le salon, de peur de
s'endormir; mais il me paraît qu'il n'a pas eu besoin
de sermon pour cela.

ARTHUR.

Vous ne voulez donc pas me répondre?

MADAME DE VERSEUIL.

Non.

ARTHUR.

D'où vient votre haine contre moi?

MADAME DE VERSEUIL.

Vous seriez trop glorieux, si c'était de la haine.

(On apporte des glaces : Arthur et madame de Verseuil en prennent.)

ARTHUR.

J'espère que ce n'est pas du mépris.

MADAME DE VERSEUIL.

Je ne veux pas répondre.

ARTHUR.

Prenez-y garde : on prétend que les femmes n'é-
prouvent jamais que trois sentimens pour nous : le
mépris, la haine ou l'amour.

MADAME DE VERSEUIL.

On prétend une fausseté, car je n'éprouve rien de
tout cela pour mon mari.

SCÈNE VIII.

LES PRÉCÉDENS, DEUX MESSIEURS.

PREMIER MONSIEUR.

Tenez, voici justement M. Dravel.

M. DRAVEL, se frottant les yeux.

Que me veut-on ?

DEUXIÈME MONSIEUR.

Monsieur me soutient qu'à l'Opéra-Comique il faut, avant tout, des chanteurs.

PREMIER MONSIEUR.

Prenez donc garde que c'est un Opéra.

DEUXIÈME MONSIEUR.

Que signifie opéra? Le mot latin *opera* ne veut pas dire autre chose que des œuvres, des ouvrages, des affaires; du moment que vous y ajoutez l'épithète de comique, ce sont des œuvres, des ouvrages, des affaires comiques, et qui réclament, avant tout, des acteurs.

PREMIER MONSIEUR.

Faites-en une condition secondaire, au moins. Je m'en rapporte à M. Dravel.

M. DRAVEL.

Je n'ai pas assisté au sermon, de sorte que je ne puis guère répondre.

ARTHUR.

Brava! c'est une épigramme charmante. — Effectivement, ce jeune lévite nous ayant parlé de tout, je m'étonne qu'il ait oublié l'Opéra-Comique.

DEUXIÈME MONSIEUR.

Si vous ne voulez que du chant, donnez des concerts; autrement ayez des chanteurs, mais qui soient d'abord acteurs.

PREMIER MONSIEUR.

Vous n'en trouverez pas.

ARTHUR.

Est-ce bien prouvé?

PREMIER MONSIEUR.

Ce sont des études diamétralement opposées.

MADAME DE VERSEUIL.

Pourrait-on affirmer qu'on n'a jamais rencontré ces deux talens-là réunis dans la même personne? C'est comme pour les attelages, j'entends dire partout que la chose la plus essentielle est d'assortir le pas des chevaux, sans se soucier de la taille ni de la robe; pourquoi ne pas assortir le pas, la taille et la robe? On n'a qu'à chercher.

SCÈNE IX.

LES PRÉCÉDENS, MADAME ÉMERY.

MADAME ÉMERY.

Ah! les jolies mains. (A madame de Verseuil.) Les avez-vous remarquées, Madame?

MADAME DE VERSEUIL.

Les mains de qui?

MADAME ÉMERY.

Du prédicateur. Elles sont blanches et potelées;
on dirait des mains de femme. Cela m'a frappée,
parce que ce doit être un homme de campagne, le
fils d'un fermier tout au plus.

ARTHUR.

Nous ne l'avons pas demandé.

MADAME DE VERSEUIL.

Comme jusqu'ici il n'a pas été très-méchant, c'est
égal; mais je vous avouerai que d'être grondée par
un paysan, au milieu d'un salon....

MADAME ÉMERY.

Il y a des gens à qui c'est indifférent; pour eux,
la robe fait tout. Mon beau-frère que j'aime beaucoup, puisque je vais ce soir au bal chez lui, eh bien!
il est comme cela pour les ministres. Il est tellement
façonné au respect pour tout ce qui est Excellence,
que s'il entrait dans une chambre où il y eût un
habit de ministre sur un porte-manteau, il serait
homme à ne pas oser lever les yeux assez haut pour
percevoir que le ministre n'a pas de tête.

ARTHUR.

Des ministres ont quelque chose de réel; mais ce
petit abbé!

MADAME DE VERSEUIL.

Il faut être juste, il n'a pas l'air assez imposant.

Peut-être veut-il paraître timide; mais il est toujours tourné du côté de la console, au lieu de regarder en face de lui.

ARTHUR.

De prêcher terre-à-terre, de plain-pied, ce ne doit pas être facile non plus. C'est comme pour des proverbes, il faut au moins six pouces d'élévation.

PREMIER MONSIEUR.

Un conseil que je lui donnerais, si on pouvait se permettre de donner des conseils à quelqu'un qui a la prétention de vous faire la leçon, ce serait de régler l'usage de sa voix. Elle n'est bien que dans le médium; quand il veut la forcer, il crie; s'il la baisse, on ne l'entend plus.

MADAME DE VERSEUIL.

Que de choses il faut pour bien prêcher! Je ne m'étonne pas d'après cela qu'il n'y ait plus de bons prédicateurs.

MADAME ÉMERY.

On prétend que parmi les missionnaires, il y en a de foudroyans.

ARTHUR.

Ne parlez donc pas des missionnaires; tout leur est bon; ils font entrer dans leurs sermons jusqu'à la fantasmagorie. Non, non; l'éloquence de l'époque ne peut plus s'appuyer que sur le raisonnement; voilà ce qui en fait la difficulté. Nous ne voulons plus être persuadés d'autorité; nous voulons des démonstrations, du grandiose.

MADAME DE VERSEUIL.

Comme il devient fort!

MADAME ÉMERY.

Tous les jeunes gens sont comme cela à présent. Mon frère me fait quelquefois perdre la tête, en voulant que je comprenne des choses qu'il ne peut pas m'expliquer.

SCÈNE X.

LES PRÉCÉDENS, MADAME DE SELMAR.

MADAME DE SELMAR.

Mesdames, si vous voulez entendre le second point, il faut aller reprendre vos places.

MADAME DE VERSEUIL.

Ne pourrais-je pas me glisser auprès de madame de Cambrouze? Elle doit donner une soirée la semaine prochaine; je ne serai pas fâchée de m'y faire inviter.

MADAME DE SELMAR.

Nous allons voir à arranger cela.

MADAME ÉMERY.

Il paraît que ce sera une merveille.

ARTHUR.

Je veux aussi lui faire la cour.

MADAME ÉMERY, restant en arrière.

Passez, passez, Messieurs. Comme je suis obligée de m'en aller à dix heures, je veux me tenir le plus près possible de la porte.

ARTHUR.

Nous vous obéissons, Madame.

(Ils entrent dans le salon.)

SCÈNE XI.

M. DRAVEL, un peu après mademoiselle
VERDIER.

M. DRAVEL.

S'il n'y a pas de quoi être édifié! Pauvres marionnettes!

MADEMOISELLE VERDIER.

Madame m'a recommandé de reprendre mon poste; cela ne vous gêne pas, Monsieur?

M. DRAVEL.

Au contraire, mademoiselle Verdier; avec vous du moins je suis sûr d'entendre parler raison.

MADEMOISELLE VERDIER.

Monsieur, je n'ai pas assez d'esprit...

M. DRAVEL., l'interrompant.

Pour ne dire que des sottises? C'est la moindre chose que l'esprit, mademoiselle Verdier, quand il ne s'y mêle pas un peu de bon sens.

MADEMOISELLE VERDIER.

Monsieur, je crois que, pour avoir du bon sens, il ne s'agit pourtant que de réfléchir.

M. DRAVEL.

Et vous réfléchissez quelquefois, vous?

MADEMOISELLE VERDIER.

Continuellement, Monsieur; c'est ce qui m'embrouille. Je dois penser que les maîtres en savent plus que nous; que ce qu'ils font, ils ont des motifs pour le faire; presque jamais je ne puis les deviner. Madame est gaie, et la voilà dans les sermons; elle est généreuse, et elle ne donne qu'à des gens qui n'ont pas besoin.

M. DRAVEL.

C'est à cause de votre petit bonhomme que vous dites cela.

MADEMOISELLE VERDIER.

Oui, Monsieur, c'est un peu vrai. Si l'on montrait

dans une comédie un pauvre enfant aussi malheureux qu'il l'est, comme il n'en coûterait rien pour s'attendrir, on s'attendrirait. C'est réel, personne ne veut en entendre parler.

M. DRAVEL.

Mais on s'étouffe pour assister à un sermon sur la charité.

MADEMOISELLE VERDIER.

N'y a-t-il pas de quoi perdre la tête?

SCENE XII.

M. DRAVEL, MADEMOISELLE VERDIER,
MONSIEUR ET MADAME ÉMERY.

MADAME ÉMERY.

Je ne me doutais pas qu'il fût si tard.

M. ÉMERY.

Je vous faisais signe depuis une heure. (Apercevant M. Dravel.) Ah! bonsoir, monsieur Dravel. Vous n'avez pas voulu être des nôtres; vous avez peut-être eu tort, cela pouvait s'entendre.

MADAME ÉMERY.

Parfaitement. Je crois bien que nous avons eu ce

qu'il y avait de mieux, car lorsque nous avons quitté le salon, il commençait à se rabattre sur l'enfer ; c'est ordinairement des lieux communs.

M. ÉMERY.

Devant des gens comme il faut, j'aurais été curieux de voir comment s'en serait tiré un homme qui n'en a pas l'habitude.

MADAME ÉMERY.

Par réflexion, un enfer de bonne société doit être assez difficile à composer. Je ne sais même pas, sur un sujet comme celui-là, si la parole peut aller aussi loin que l'imagination. Pour la peinture, il faut qu'elle y renonce, car, malgré le prestige du théâtre, il est certain que ce qu'on nous a montré à l'Opéra et à la Porte-Saint-Martin n'en donne aucune idée.

M. ÉMERY.

C'est toujours mesquin. Voilà pourquoi je regrettais l'enfer de ce petit jeune homme.

MADAME ÉMERY.

Moi aussi, mais nous allons au bal.

M. DRAVEL.

Vous allez au bal en sortant d'ici ?

M. ÉMERY.

Un bal de famille, un bal indispensable. J'étais assez contrarié qu'il tombât justement aujourd'hui ;

8.

mais c'est chez ma sœur, qui est extrêmement frivole, et qui n'aurait pas accepté nos excuses.

MADAME ÉMERY.

D'ailleurs un bal n'est pas comme un spectacle.

M. ÉMERY.

Si c'eût été une comédie, je connais trop les convenances pour ne pas avoir refusé net. Sans être fanatique, j'ai des principes, et je me règle sur ce que même les bals publics sont ouverts les jours de solennité où, par décence, on fait fermer les théâtres.

MADAME ÉMERY.

A le voir, on ne croirait jamais que M. Émery soit aussi rigide qu'il l'est.

M. ÉMERY.

Quand on a des emplois... Il y a tant de gens qui en attendent, et qui ont les yeux ouverts sur vous.

MADAME ÉMERY.

Je ne vous blâme pas non plus. (A mademoiselle Verdier.) Mademoiselle, on doit avoir apporté un carton pour moi.

MADEMOISELLE VERDIER.

Il est dans la chambre à côté, Madame.

MADAME ÉMERY.

Pourriez-vous me l'envoyer, s'il vous plaît?

MADEMOISELLE VERDIER.

J'y vais tout de suite.

(Elle sort.)

MADAME ÉMERY, à M. Dravel.

Vous me permettrez bien de changer de coiffure devant vous? (M. Dravel fait un signe.) Ce qui m'éloignerait des sermons, c'est l'obligation de mettre un bonnet. A propos, monsieur Émery, avez-vous pris garde à madame de Cambrouze quand il a été question du luxe et des vanités du monde? Vous savez que c'était un tour que madame de Selmar lui faisait jouer.

M. ÉMERY.

Vous me l'aviez dit.

MADAME ÉMERY.

J'étais mal placée pour la voir.

M. ÉMERY.

L'idée pouvait être bonne; mais elle a été mal amenée. Il était évident que c'était un placage.

MADAME ÉMERY.

Ah! ce ne pouvait être amusant que pour les personnes qui étaient dans le secret. (Mademoiselle Verdier apporte le carton, et en retire un chapeau fort élégant.) Si le prédicateur voyait ce chapeau-là, c'est pour le coup qu'il crierait à la vanité.

M. ÉMERY.

Ce n'est pas de la vanité; c'est de la nécessité. Une femme ne peut pas aller au bal en toilette de sermon.

MADAME ÉMERY, *mettant son chapeau.*

Je suis persuadée que les gens d'église s'imaginent qu'il y a dans les plaisirs du monde une jubilation infinie.

M. ÉMERY.

Ne vous figurez donc pas cela. La plupart savent fort bien à quoi s'en tenir; aussi, pour changer, donnent-ils de très-bonne heure dans l'ambition.

MADAME ÉMERY, *à mademoiselle Verdier.*

Voyez donc, Mademoiselle, il me semble que cette plume va tout de travers.

MADEMOISELLE VERDIER.

Et à présent, Madame?

MADAME ÉMERY.

C'est un peu mieux; mais elle a été mal posée dans le principe. (A son mari.) Monsieur Émery, j'y pense; est-ce que nous nous en irons sans avoir donné à la quête ?

MADEMOISELLE VERDIER.

Mon Dieu! Madame, je vous demande pardon; mais si madame voulait au moins aussi bien employer son argent, il y a un pauvre petit Savoyard...

M. ÉMERY.

Tout cela, ce sont des longueurs. (A sa femme.) Avez-vous fini, Madame?

MADAME ÉMERY, *arrangeant ses cheveux.*

Je suis à vos ordres.

M. ÉMERY.

Partons. Bonsoir, monsieur Dravel, ne nous jugez pas sur ce que nous allons au bal : c'est une grande complaisance de notre part.

MADAME ÉMERY, *toujours occupée de sa coiffure.*

Il est bien certain que j'aurais autant aimé rester jusqu'à la fin du sermon, surtout avec une plume comme celle-là, qui a juré de ne pas vouloir aller comme il faut; c'est un supplice. Bonsoir, monsieur Dravel.

(Elle sort avec son mari.)

SCÈNE XIII.

M. DRAVEL, MADEMOISELLE VERDIER.

MADEMOISELLE VERDIER.

Voilà un mari et une femme qui sont bien d'accord ensemble. Ils n'ont voulu m'écouter ni l'un ni l'autre.

M. DRAVEL.

Votre persévérance mériterait un meilleur succès, il faut en convenir.

MADEMOISELLE VERDIER.

Si je n'avais pas ma sœur dont les deux enfans sont malades, et qui, par conséquent, ne peut pas travailler, je n'aurais pas perdu tant de paroles. Mais il est censé qu'on se doit d'abord aux siens, et je ne suis pas assez riche pour faire tout ce que je voudrais faire.

M. DRAVEL.

Bonne mademoiselle Verdier.

MADEMOISELLE VERDIER,

Je suis terrible pour m'attacher, moi, Monsieur ; c'est un défaut que j'ai. Mais comment ne pas admirer un enfant qui pouvait tourner si mal et qui tourne si bien ? A cent cinquante lieues de son pays, sans parens, sans personne pour le surveiller ! Ils lui ont persuadé, à la cuisine, qu'il ne fallait pas qu'il se chagrinât, parce qu'il pourrait tomber malade, et que ce serait encore pis ; de sorte que ce pauvre enfant, qui est accoutumé à obéir, s'efforce de sourire quand on le regarde ; mais il est aisé de voir que le diable n'y perd rien. Il y a toujours dans ses yeux de grosses larmes qui font une peine....

M. DRAVEL.

Il est donc dans la cuisine ?

MADEMOISELLE VERDIER.

Depuis ce matin, on l'a laissé dans un coin de la

cheminée, où il claque des dents comme s'il avait
la fièvre; il l'a peut-être seulement. Je n'ai pas osé
m'en assurer, de peur de lui donner de l'inquiétude. Il ne veut pas manger, lui qui a toujours si
bon appétit.

M. DRAVEL.

Où pourrais-je avoir du bois?

MADEMOISELLE VERDIER.

Du bois, Monsieur; je vais vous en faire ap-
porter. (Elle va à la porte du salon qu'elle entr'ouvre : après
avoir écouté quelque temps, elle revient auprès de M. Dravel.)
Bon, il n'y aura pas d'interruption; le prédicateur
vient d'annoncer qu'il allait passer tout de suite
à son troisième point. Je puis faire votre commis-
sion.

(Elle sort.)

SCÈNE XIV.

M. DRAVEL.

Je me tromperais fort, ou ce doit être le petit Joseph qui va m'apporter du bois. Je n'en ai demandé
que pour cela; et cette excellente fille, sans m'avoir
deviné, ne trompera pas mon attente, j'en suis sûr.

Il y a tant d'instinct dans la bonté? J'admirais quelles ressources elle trouvait pour ramener toujours la conversation sur l'enfant qu'elle protège, sans se répéter, sans être importune, tout naturellement. Qu'est-ce que je disais? Voici Joseph.

SCÈNE XV.

M. DRAVEL, MADEMOISELLE VERDIER; JOSEPH, portant du bois.

MADEMOISELLE VERDIER, à Joseph.

Pose ton bois bien doucement pour ne pas faire trop de bruit. (A M. Dravel.) Les domestiques sont si occupés, que je n'ai pas voulu les déranger. (Bas, en se penchant à son oreille.) C'est lui. (Haut, à Joseph.) Mets une bûche dans le feu. (A M. Dravel, à demi-voix.) Monsieur ne trouve-t-il pas qu'il a une figure intéressante?

JOSEPH.

Est-ce là tout ce qu'il y a pour votre service, Mam'zelle?

MADEMOISELLE VERDIER, cherchant à le retenir.

Je ne sais pas. Qu'est-ce que tu pourrais faire?

Tiens, range toujours le restant du bois dans ce coin-là. As-tu mangé quelque chose enfin?

JOSEPH.

Non, Mam'zelle.

M. DRAVEL.

Est-ce que vous êtes malade, mon enfant?

MADEMOISELLE VERDIER, avec empressement.

Réponds à Monsieur; n'aie pas peur..... Il est si timide!..... Monsieur t'a demandé si tu étais malade.

JOSEPH.

Il ne faut pas être malade, Monsieur; il faut tâcher d'avoir du courage.

MADEMOISELLE VERDIER.

Il veut dire...

M. DRAVEL, l'interrompant.

Laissez-moi faire.

MADEMOISELLE VERDIER.

Oui, Monsieur. (A Joseph.) Lève donc les yeux, Joseph. (Bas à M. Dravel.) Monsieur voit-il les larmes dont je lui parlais?

M. DRAVEL, à Joseph.

Vous avez l'air d'avoir du chagrin.

JOSEPH, soupirant.

Ah! Monsieur, ça se passera.

M. DRAVEL.

Vous avez perdu de l'argent ?

(Joseph regarde mademoiselle Verdier.)

MADEMOISELLE VERDIER.

Parle comme si de rien n'était.

JOSEPH , pleurant.

Oui , Monsieur ; on m'a pris cent vingt francs , cent francs en pièces de cinq francs , cinq pièces de deux francs , et le reste en monnaie que j'allais changer.

M. DRAVEL.

Comment avez-vous fait pour vous laisser prendre cela ?

JOSEPH , pleurant plus fort.

Monsieur, nous logeons chez un logeur qui loge quelquefois des gens pour une nuit. Nous autres petits Savoyards, nous nous levons de bonne heure ; on a beau bien fermer la chambre, avec un clou on peut l'ouvrir. Je n'accuse personne ; mais ces gens-là, quand nous sommes partis, sont maîtres de faire ce qu'ils veulent ; ils paient leur coucher, et puis bonsoir.

M. DRAVEL.

Où aviez-vous donc mis votre trésor ?

JOSEPH.

Dans un morceau de linge que j'avais fourré sous une tuile, par la lucarne, Monsieur. Quand on a caché son argent sous une tuile, on se croit bien sûr; mais les gens qui ont envie de mal faire sont si malins! Par bonheur encore, mon cousin Pierre, qui retourne au pays pour épouser Madelaine Sou--dan, notre voisine, pourra dire à monsieur le curé et à monsieur le syndic comment ça s'est passé. Ils m'ont tant recommandé d'être bon sujet, que je mourrais de chagrin s'ils allaient s'imaginer qu'après avoir promis d'envoyer de l'argent à mon père, je l'ai dépensé à m'amuser.

M. DRAVEL.

Votre père ne le croira-t-il pas, lui?

JOSEPH.

Mon père! oh! pour ça non, Monsieur. Mon père et ma mère me connaissent trop. Quand monsieur le syndic leur disait : « Vot' fils n'est-il pas ben jeune pour l'envoyer à Paris? — Gn'y a de danger nulle part pour not' Joseph, qu'i répondaient. » Ils ne pensaient pas au danger des voleurs. Enfin, le bon Dieu verra peut-être que ce n'est pas de ma faute; il me récompensera plus tard. S'il voulait seulement guérir la jambe à mon père. V'là l'hiver; c'est une bonne saison; y a du bois à scier.

M. DRAVEL.

Bien, mon petit.

JOSEPH.

N'est pas marchand qui toujours gagne, n'est-ce pas donc, Monsieur? Cent écus de chagrin ne paient pas pour un sou de dettes. *(En sanglotant.)* Mais c'est toujours bien triste de perdre cent vingt francs. Ce n'est pas l'embarras, sans la jambe de mon père..... Je suis aimé dans le quartier; en me privant sur ma nourriture, cent vingt francs, ça peut être l'affaire de trois ou quatre mois; mais y a c'te jambe... et que ça m'aurait fait ben de l'honneur dans le pays.

M. DRAVEL.

Écoutez, mon petit, tout cela peut s'arranger; consolez-vous. Venez demain matin chez moi avec votre cousin, je remplacerai vos cent vingt francs.

MADEMOISELLE VERDIER , pleurant de joie.

Monsieur, je ne voulais pas le dire; mais je l'aurais gagé. *(Joseph la regarde machinalement.)* Est-ce que tu n'as pas entendu?

JOSEPH , suffoquant.

Mam'zelle, Mam'zelle, oh! que j'ai mal à l'estomac!

MADEMOISELLE VERDIER.

Eh bien! pleure à présent, ça ne te fera que du bien.

JOSEPH, pleurant et riant tout à la fois.

Monsieur, si je pouvais savoir comment je pourrai jamais être digne envers vous de votre bonté.

MADEMOISELLE VERDIER, lui prenant le menton.

Va, va, la seule manière d'être digne des bontés

de monsieur, c'est de bien souper, de bien dormir, afin d'avoir demain ta petite mine gaillarde, comme à ton ordinaire; n'est-il pas vrai, Monsieur?

JOSEPH.

Sans autre remerciement que cela, Mam'zelle?

MADEMOISELLE VERDIER.

Regarde monsieur, il a l'air plus content que toi.

JOSEPH.

Ah! mon Dieu, mon pauvre père! ma mère! (Il saute), et monsieur le curé! et monsieur le syndic! Ah! Mam'zelle? ah! Monsieur! (En se frottant les mains.) comme mon cousin va être content! Je peux-t-i m'en aller à présent, Monsieur?

M. DRAVEL.

Oui, mon enfant, vous pouvez vous en aller. A demain.

JOSEPH.

Je n'y manquerai pas, Monsieur. Merci, Monsieur; je vous salue bien, Monsieur; bonsoir, Monsieur.

(Il sort en sautant.)

9

SCÈNE XVI.

M. DRAVEL, MADEMOISELLE VERDIER, ENSUITE
MADAME DE SELMAR ET ARTHUR.

MADEMOISELLE VERDIER.

Si j'avais son âge, je crois que je sauterais aussi.
Mon bon monsieur, que vous êtes bien le frère de
défunte ma digne maîtresse! Il ne fallait pas la tenter long-temps non plus pour lui faire faire une
bonne action.

MADAME DE SELMAR, conduite par Arthur. s'arrête devant
M. Dravel, en lui présentant une bourse de quêteuse.

Mon oncle, j'ai voulu commencer par vous, c'est
dans l'ordre.

M. DRAVEL.

A quoi est destinée ta quête.

MADAME DE SELMAR.

C'est pour une œuvre que je ne connais pas.

M. DRAVEL.

J'en suis fâché, ma bonne amie; mais j'aime assez
à savoir ce que je fais.

MADAME DE SELMAR.

Vous me refusez donc?

M. DRAVEL.

Oui.

MADAME DE SELMAR, du plus grand sérieux.

Mon oncle, une quêteuse, soit qu'on lui donne,
soit qu'on la refuse, n'en doit pas moins une révérence; je vous prie d'accepter la mienne. (Elle lui fait
une profonde révérence.)

M. DRAVEL se lève précipitamment de son fauteuil, et la salue très-
gravement à son tour.

Madame, je suis excessivement reconnaissant.

MADAME DE SELMAR, bas à Arthur.

Mon oncle avare! je m'y perds.

ARTHUR, bas à madame de Selmar.

Il prend la maladie des vieillards.

SCÈNE XVII.

**LES PRÉCÉDENS, MONSIEUR ET MADAME DE
CAMBROUZE.**

(Cette dernière est habillée avec une recherche de mauvais goût.)

MADAME DE SELMAR, à madame de Cambrouze.

Vous n'attendez pas la fin du sermon, madame de
Cambrouze?

MADAME DE CAMBROUZE.

Je n'attends jamais la fin de quoi que ce soit, ma chère dame. Demandez à monsieur de Cambrouze.

M. DE CAMBROUZE.

Madame de Cambrouze en est souvent désespérante.

MADAME DE CAMBROUZE.

Que voulez-vous? je suis méridionale, je suis vive; tout ce qui traîne en longueur me fait mourir. Cela n'empêche pas que votre petit homme ne m'ait ravie.

ARTHUR.

Il ne faut pas qu'il le sache; cela lui donnerait trop de vanité.

MADAME DE CAMBROUZE.

Dans notre Midi, il ferait fureur. En un mot, j'en raffole.... Il n'y a pas jusqu'à son petit nez qui ne me tourne la tête, quoiqu'il soit grand comme rien du tout; mais cela lui complète un air de béatitude qui, par malheur, se trouve aujourd'hui bien-rarement dans le clergé.

MADAME DE SELMAR.

Il faut que je continue ma quête. Voulez-vous m'étrenner, Madame?

MADAME DE CAMBROUZE.

Je ne porte jamais d'argent sur moi; monsieur

de Cambrouze va vous donner pour nous deux.
(M. de Cambrouze met de l'argent dans la bourse que lui présente ma_
dame de Selmar.) Il a l'œil si joli ! La bouche un peu dédaigneuse, ce qu'on est convenu d'appeler une
bouche à la Louis XIV, chose qui se perd encore
tous les jours; voilà en quoi il me ravit. Je ne sais
pas si tout le monde est comme moi; il est vrai que
j'ai beaucoup d'imagination; mais il me semble que,
rien qu'à le regarder, on se sent meilleur.

(Madame de Selmar et Arthur rentrent dans le salon : mademoiselle
Verdier sort d'un autre côté.)

SCÈNE XVIII.

M. DRAVEL, MONSIEUR ET MADAME DE CAMBROUZE.

MADAME DE CAMBROUZE.

Monsieur Dravel, il faut que vous me fassiez vos
confidences. Pourquoi n'êtes-vous pas venu dans le
salon ?

M. DRAVEL.

J'ai pensé que je serais plus à mon aise ici.

MADAME DE CAMBROUZE.

Ce n'est pas cela; je vous connais; vous avez

craint que ce petit homme ne fût cagot : dites la vérité.

M. DRAVEL.

Je suis fort aguerri contre tout ce qui est ridicule, je vous assure.

MADAME DE CAMBROUZE.

Mais c'est qu'il ne l'est pas du tout. Il est impossible, au contraire, d'être plus raisonnable.

M. DE CAMBROUZE.

Mon témoignage n'est pas suspect; j'en ai été très-content. Des opinions politiques bien posées, un grand respect pour les hautes classes....

MADAME DE CAMBROUZE.

Pas un mot de morale....

M. DE CAMBROUZE.

De religion , juste ce qu'il en fallait.

MADAME DE CAMBROUZE.

Bien juste.... En tout, cet homme-là a du tact; ce ne sera jamais un écervelé.

SCÈNE XIX.

M. DRAVEL, MONSIEUR ET MADAME DE CAM-
BROUZE, MADAME DE VERSEUIL.

MADAME DE VERSEUIL , à madame de Cambrouze.

On prétendait que vous étiez partie, Madame.

MADAME DE CAMBROUZE.

Pour aller où? à cette heure-ci! D'ailleurs ne faut-
il pas que je remercie madame de Selmar, à qui je
n'ai dit qu'un mot en passant, sur la charmante
soirée qu'elle nous a donnée?

MADAME DE VERSEUIL.

Cela lui fera beaucoup d'honneur.

MADAME DE CAMBROUZE.

Au dernier degré. Quant à moi, je ne veux pas
m'en taire; et qu'elle le veuille ou qu'elle ne le
veuille pas, d'ici à quelques jours son sermon fera
grand bruit, je puis vous en répondre.

M. DE CAMBROUZE.

Nous lui devons cela. Le choix de ce prédicateur
est un des plus heureux qu'elle pouvait faire.

MADAME DE VERSEUIL, avec malice.

Il aurait pu seulement se dispenser de parler toilette.

MADAME DE CAMBROUZE.

Pourquoi donc? Je ne sais pas trop ce qu'il a dit; mais, devant des femmes, cela ne manque pas de galanterie, ce me semble.

MADAME DE VERSEUIL.

Vous me faites plaisir d'en avoir jugé ainsi, c'était la seule chose qui m'eût chiffonnée, d'autant que, pour son compte, le petit jeune homme ne manque pas de coquetterie. Sa robe est d'une finesse et d'un noir.... Dieux! que ce serait joli pour un deuil de veuve!

MADAME DE CAMBROUZE.

Je n'y ai pas pris garde; j'ai la vue si délicate! On n'ose pas trop lorgner un prédicateur.

MADAME DE VERSEUIL.

Tout comme autre chose.

MADAME DE CAMBROUZE.

Oh mais! j'ai un moyen pour voir sa belle robe de près. Il doit la mettre dans toutes les grandes circonstances; je l'inviterai à la soirée de jeudi.

MADAME DE VERSEUIL.

Prenez garde, si c'est un bal....

MADAME DE CAMBROUZE, avec enjouement.

Curieuse! non, ce n'est pas un bal.

MADAME DE VERSEUIL.

Ostensiblement, un prêtre ne peut pas aller partout.

MADAME DE CAMBROUZE.

Il pourra venir à ma soirée; il y sera fort en place, très en place, plus en place que partout ailleurs.... Je ne veux rien dire.

M. DE CAMBROUZE.

Non; mais vous brûlez de parler.

MADAME DE CAMBROUZE.

Ce que nous venons d'entendre est sublime, si l'on veut, édifiant, charmant, on ne peut pas plus agréable; j'ai toujours aimé à rendre justice à ce qui est joli; mais j'ose me flatter que je serai beaucoup plus piquante; c'est-à-dire qu'il n'y aura pas de comparaison. Des sermons, bons ou mauvais, ne sont jamais que des sermons, au lieu que.... (Elle regarde M. de Cambrouze.)

M. DE CAMBROUZE.

Achevez. Vous vous êtes trop avancée pour en rester là.

MADAME DE CAMBROUZE.

Imaginez-vous qu'on me mitonne depuis plus d'un ois une petite possédée de dix-huit ans, jolie omme les anges, et que c'est elle qu'on doit m'exoriser jeudi dans ma salle de billard, que je fais aranger tout exprès pour cette cérémonie.

MADAME DE VERSEUIL.

Vous m'en direz tant.

MADAME DE CAMBROUZE.

J'espère que ce n'est pas commun. Une possédée !

MADAME DE VERSEUIL.

D'où faites-vous donc venir cela ?

MADAME DE CAMBROUZE.

De Bretagne, ma chère dame, de Bretagne ! Il
paraît qu'on en trouve à présent dans ce pays-là
presque autant qu'autrefois.

MADAME DE VERSEUIL.

Ce sera curieux, je n'en doute pas; mais ce sera
bientôt fait.

MADAME DE CAMBROUZE.

Tout est prévu. Le démon ne doit la quitter qu'à
dix heures et demie; en comme je ne veux pas que
ma société achète chat en poche, ni qu'on s'imagine
que M. de Cambrouze et moi nous soyons des com-
pères, j'ai mis pour condition que l'exorciste amè-
nerait avec lui des savans, pour faire des questions
à la petite possédée, après l'opération.

M. DRAVEL, souriant.

C'est d'une prudence admirable !

M. DE CAMBROUZE.

Et savoir d'elle où le démon la tourmentait le
plus.

M. DRAVEL.

Au lieu de n'être qu'un vain spectacle, de la façon
que vous vous y prenez, ce sera réellement une expérience qui pourra avoir des résultats infinis.

MADAME DE CAMBROUZE.

Infinis. Vous y viendrez, j'espère, monsieur
Dravel?

M. DRAVEL.

Dès que vous m'en donnez la permission, Madame, assurément je n'y manquerai pas.

M. DE CAMBROUZE.

J'ai toujours été d'avis que, autant qu'il est en
nous, on doit chercher à réunir l'utile à l'agréable.
Voilà ce qui m'a souri lorsque madame de Cambrouze
m'a fait l'ouverture de ce projet. J'y ai vu, comme
tout le monde aurait pu le voir, un sujet de diver-
tissement; mais, dans mes principes, ce n'aurait
pas été assez, si en même temps je n'y avais aperçu
un champ immense d'instruction.

MADAME DE CAMBROUZE.

Je ne me fais pas meilleure que je ne suis, moi;
j'avoue que ce qui m'a flattée tout d'abord, c'est
que, dans un temps où chacun s'évertue à trouver
du nouveau en cherchant dans des vieilleries, j'aurai la première ressuscité celle-là dans la capitale. Je
serai pillée, je m'y attends; les courtisans vont s'em-

parer de cela, comme ils s'emparent de tout ; mais ils ne seront que des plagiaires. J'aurai toujours pour moi l'honneur de la date ; c'est tout ce que je veux.

M. DE CAMBROUZE.

Ce n'est pas assez, madame de Cambrouze ; j'en fais juge monsieur Dravel et madame de Verseuil. Quand cette infortunée n'aura plus le diable au corps, il lui faudra nécessairement faire autre chose.

MADAME DE CAMBROUZE.

Elle fera ce qu'elle voudra.

M. DE CAMBROUZE.

C'est-à-dire que vous ne pensez qu'à votre soirée : j'ai pensé plus loin ; je vous en demande pardon. Mon médecin, que vous n'aimez pas, mais qui n'en est pas moins un philanthrope dans la bonne acception du terme, m'a promis formellement de la faire employer comme somnambule.

MADAME DE CAMBROUZE.

Attendez donc, monsieur de Cambrouze, faites-y réflexion, s'il vous plaît. Est-ce que les somnambules, ce n'est pas du charlatanisme ?

M. DE CAMBROUZE.

Puisque c'est un médecin qui s'en mêle.

MADAME DE CAMBROUZE.

J'ai toujours la tête je ne sais où ; vous avez raison.

SCÈNE XX.

M. DRAVEL, MADAME DE VERSEUIL, MONSIEUR ET MADAME DE CAMBROUZE, MADAME DE SELMAR, ARTHUR.

MADAME DE CAMBROUZE, à madame de Selmar.

Avez-vous fait bonne recette, Madame?

MADAME DE SELMAR.

Mais non ; mon oncle m'a porté malheur.

MADAME DE VERSEUIL.

Est-ce que monsieur Dravel ne vous a rien donné ?

M. DRAVEL.

Non, Madame, je n'ai rien donné.

MADAME DE CAMBROUZE.

Comme il dit cela! Mais c'est que j'aurai aussi une quête jeudi, il faut vous y attendre, et je ne serai pas d'aussi bonne composition que madame de Selmar; tout le monde donnera, je vous en avertis.

10.

M. DRAVEL.

Si c'est une condition, je paierai ma place comme les autres.

MADAME DE SELMAR.

Monsieur Arthur prétend que c'est par économie que mon oncle n'a pas assisté au sermon.

ARTHUR.

Ah! Madame, vous me faites parler.

M. DRAVEL.

Ne vous en défendez pas, monsieur Arthur; c'est la vérité.

SCÈNE XXI et dernière.

M. DRAVEL, madame de SELMAR, madame de VERSEUIL, ARTHUR, monsieur et madame de CAMBROUZE, mademoiselle VERDIER.

MADAME DE SELMAR, à mademoiselle Verdier qui n'ose pas entrer.

Que voulez-vous, ma bonne?

MADEMOISELLE VERDIER, s'avançant.

Ah! Madame, je venais seulement dire à monsieur (Indiquant M. Dravel), que, s'il pouvait voir ce qui se passe en bas, ça l'amuserait bien.

MADAME DE SELMAR.

Que se passe-t-il donc en bas?

MADEMOISELLE VERDIER, ayant l'air d'interroger M. Dravel.

Je ne sais pas si je dois dire, Madame.

M. DRAVEL.

Dites tout ce que vous voudrez, mademoiselle Verdier; je ne fais jamais de secrets.

MADEMOISELLE VERDIER.

Aussi bien, ce serait inutile, puisqu'à l'heure qu'il est, toute la maison le sait. Monsieur a donc rendu au petit Joseph les cent vingt francs qu'il avait perdus. Ça a mis en goût tous les gens de madame, et c'est à présent à qui lui donnera quelque chose. J'ai beau leur dire que ce n'est pas la peine de le récompenser de ce qu'on l'a volé; que monsieur a fait la seule chose qu'il y avait à faire en lui remplaçant son argent : c'est égal, le branle est donné; on ne peut plus les retenir.

MADAME DE SELMAR.

Je reconnais enfin l'avarice de mon oncle.

MADAME DE CAMBROUZE.

Allons donc voir cela, Madame; comme elle le dit, ce doit être amusant.

ARTHUR.

Tous ces gens-là avaient-ils assisté au sermon seulement?

MADEMOISELLE VERDIER.

Pas un, Monsieur.

MADAME DE CAMBROUZE.

Cela n'en est que plus méritoire.

M. DE CAMBROUZE.

Qu'est-ce donc qui les a décidés alors?

MADAME DE VERSEUIL.

Le bon exemple que leur a donné monsieur Dravel. C'est désespérant pour les prédicateurs; mais les vrais sermons, c'est le bon exemple.

MADEMOISELLE VERDIER.

Oui, comme on disait de mon temps :

LES ACTES SONT DES MALES, ET LES PAROLES SONT DES FEMELLES.

LES PRÉVENTIONS,

ou

LE BON OISEAU SE FAIT LUI-MÊME.

PERSONNAGES.

M. DE VAZY.
MADAME DE ROCHEBRUTE.
ÉMILIE , fille de M. de Vazy.
HUBERT , fils de madame de Rochebrute.
AMÉDÉE , amoureux d'Émilie.
SOEUR PLACIDE , gouvernante d'Émilie.
FRANQUETTE , fille de basse-cour.
SYLVAIN , garde-chasse.

La scène se passe dans le château de M. de Vazy.

Le théâtre représente un salon.

LES PRÉVENTIONS.

SCÈNE I.

SYLVAIN, FRANQUETTE.

SYLVAIN.

Qu'est-ce que tu viens donc faire ici, Franquette?

FRANQUETTE.

J'apporte les lettres qu'on a été chercher à la ville.

SYLVAIN.

A la bonne heure; car une fille de basse-cour dans un salon, ça ne se voit guère.

FRANQUETTE.

Ne dirait-on pas que c'est la place d'un garde-chasse?

SYLVAIN.

Ah! mais, moi, c'est différent; j'y suis par ordre du prétendu de not' demoiselle. Il m'a dit, drès hier au soir, de venir l'attendre ici, ce matin.

FRANQUETTE.

Faut que vous ayez fait ben vite connaissance ensemble. Il n'y a pas encore vingt-quatre heures qu'il est dans ce château.

SYLVAIN.

Que veux-tu? C'est un garçon qui n'est pas fier.

FRANQUETTE.

Pour ça, c'est vrai. Il était tantôt dans la basse-cour, oùs que je faisais la litière à mes vaches, n'at-il pas voulu m'aider? C'est qu'il s'y prend comme s'il n'avait jamais fait autre chose de sa vie.

SYLVAIN.

Je crois que c'est un bon enfant.

FRANQUETTE.

Est-ce qu'il vous fait l'effet d'un maître, à vous, Sylvain?

SYLVAIN.

Ma fine! il serait à désirer que tous les maîtres lui ressembliont. Il sait déjà mon nom; il sait celui de Guillaume; il sait celui de Baptiste; il n'y a pas jusqu'à ceux de mes chiens qu'il ne connaisse aussi. Il a vu du premier coup d'œil que c'était César qui devait être le meilleur.

FRANQUETTE.

Pour not' demoiselle qu'est si mignonne, je crains ben, avec tout ça, que ça ne fasse un drôle de mari.

SYLVAIN.

Drôle ou non, faudra toujours ben qu'elle en prenne son parti. Gn'y a pas à barguigner, pisque c'était une affaire convenue avec monsieur, du vivant du père du jeune homme. D'ailleurs, un beau garçon comme lui, qui de plus m'a tout l'air d'un fin chasseur, quelque amignonnée que soit une fille, ça ne lui déplait jamais, sois sûre.

FRANQUETTE.

S'il n'y avait que des chasseurs dans le monde.

SYLVAIN.

Que veux-tu dire?

FRANQUETTE.

Rien. Malgré ça, c'est toujours étonnant qu'un fils de bonne famille soit aussi rustique; mais si ce n'est pas sa faute, comme dit son domestique, ce n'est pas sa faute. Madame sa mère n'a pas voulu le faire élever dans un collège, à cause d'idées qu'elle avait dans la tête; ce jeune homme s'est formé tout seul dans une basse-cour.

SCÈNE II.

HUBERT, FRANQUETTE, SYLVAIN.

HUBERT.

Te voilà encore, la petite. Comment s'appelle-t-elle, Sylvain?

SYLVAIN.

Franquette, monsieur le comte.

HUBERT.

Eh! bien, Franquette, je puis te dire que je te trouve bien gentille. Ma mère choisit toujours des servantes qui feraient fuir le diable. Où est ta chambre?

FRANQUETTE, d'un air goguenard.

Dans les environs d'ici, Monsieur.

(Elle sort en courant.)

SCÈNE III.

HUBERT, SYLVAIN.

HUBERT.

Est-ce qu'elle n'est pas bonne fille ?

SYLVAIN.

Comme les autres, monsieur le comte, quand elle dort.

HUBERT.

Je la bercerais bien pour savoir ce qu'il en est. Mais il ne s'agit pas de cela ; tu dis donc qu'il y a beaucoup de gibier sur cette terre ?

SYLVAIN.

Depuis que monsieur a la goutte, gn'y a que moi qui chasse.

HUBERT.

Ça ne serait pas une raison ; les gardes-chasses font souvent plus de tort que les braconniers.

SYLVAIN.

Il est sûr et certain que si monsieur en avait un autre au lieu de m'avoir...

HUBERT.

Et ce renard, est-on toujours sûr de sa trace ?

SYLVAIN.

Ne vous mettez pas en peine ; je veux que d'ici à deux heures, nous lui ayons fait passer le goût des poules.

HUBERT.

Alors, partons.

(Il va pour sortir.)

SCÈNE IV.

Mme DE ROCHEBRUTE, HUBERT, SYLVAIN.

Mme DE ROCHEBRUTE.

Hubert, j'ai à te parler.

HUBERT.

C'est impossible, ma mère ; je n'ai pas de temps à perdre.

Mme DE ROCHEBRUTE.

Hubert, est-ce ainsi que vous devez me répondre ?

HUBERT, à Sylvain.

Sylvain, va toujours chercher Baptiste et Guillaume, et attendez-moi tous trois au bas du perron. (Sylvain sort.) Voyons, ma mère.

MME DE ROCHEBRUTE.

Vous ne me faites pas honneur, mon fils ; vous n'êtes pas aimable. Hier, à souper, vous n'avez pas dit un mot. A la rigueur, je vous le passerais encore ; vous pouviez être fatigué du voyage ; mais ce matin, à déjeuner, quand vous vous seriez un peu occupé de mademoiselle Émilie.

HUBERT, *regardant toujours dans la coulisse.*

Après.

MME DE ROCHEBRUTE.

Vous ne m'écoutez pas, Hubert.

HUBERT.

Pardonnez-moi. J'ai dit : Après.

MME DE ROCHEBRUTE.

Est-ce que vous espérez plaire sans vous donner plus de peine que cela ?

HUBERT.

On ne m'avait pas mis auprès d'elle ; vouliez-vous que je lui parlasse au travers de la table ?

MME DE ROCHEBRUTE.

Mais vous vous êtes retiré que le déjeuner était à peine fini.

HUBERT.

Pourquoi a-t-elle la mise et les airs de ces petites pimbêches de Paris, qui ont passé l'été dernier dans notre voisinage ?

MME DE ROCHEBRUTE.

Taisez-vous donc; ou du moins parlez plus bas.

HUBERT.

Je n'aime pas toutes ces péronnelles-là, moi.

MME DE ROCHEBRUTE.

Veux-tu bien finir, Hubert ? Tu n'épouseras pas une paysanne. Fi ! que c'est vilain à un comte de Rochebrute de ne pas aimer les demoiselles comme il faut. Celle-là est si jolie?

HUBERT.

Je ne l'ai pas regardée; j'aurai toujours le temps.

MME DE ROCHEBRUTE.

Lui parleras-tu au moins?

HUBERT.

A dîner, je tâcherai; nous verrons. Est-ce tout, ma mère?

MME DE ROCHEBRUTE.

Non, Hubert, ce n'est pas tout.

HUBERT.

Alors, ce sera pour une autre fois.

(Il s'enfuit.)

SCÈNE V.

Mme DE ROCHEBRUTE, ensuite M. DE VAZY.

MME DE ROCHEBRUTE.

Un enfant qui ne m'a jamais quittée, que j'ai
élevé moi-même, qui n'a jamais fait que ce qu'il a
voulu, se comporter comme cela avec sa mère! S'il
avait été au collège! L'éducation des collèges est si
affreuse! mais il a toujours été son maître. Petit
mauvais sujet! (D'un air de satisfaction.) Avec cela, j'ai re-
marqué que mademoiselle Émilie le regardait en
dessous d'une certaine manière qui me donne bonne
espérance.

M. DE VAZY.

Comment trouvez-vous mon château, madame la
comtesse?

MME DE ROCHEBRUTE.

Vraiment magnifique, monsieur le baron. Je ne
suis pas encore sortie; mais, de ma croisée, j'ai
aperçu votre basse-cour qui m'a paru bien belle.
Moi, je vous avouerai que je fais grand cas des
belles basses-cours, parce que, on a beau dire, ça
a bien son agrément.

M. DE VAZY.

Oh! je sais que vous êtes une dame très-entendue. Où est donc mon gendre?

Mme DE ROCHEBRUTE, embarrassée.

Il est sorti un instant pour prendre l'air.

M. DE VAZY.

Et pour chasser un renard, je crois.

Mme DE ROCHEBRUTE.

Il est trop bien élevé pour ne pas savoir qu'il a quelque chose de mieux à faire dans ce moment-ci. S'il se mettait à chasser un renard, ce serait donc pour vous en débarrasser; ces sortes d'animaux font de si grands dégâts!

M. DE VAZY.

Vous n'avez pas besoin de chercher à l'excuser. Il faut que la jeunesse remue. N'avons-nous pas remué dans notre temps? Je ne suis pas fâché d'ailleurs qu'il se fasse un peu valoir auprès de ma fille, et qu'il ne se montre pas par trop empressé. Y a-t-il assez long-temps que nous ne nous sommes vus? Émilie alors n'était qu'un enfant; mais aujourd'hui, ah! dame...

Mme DE ROCHEBRUTE.

Elle me fait l'effet d'une demoiselle de Paris.

M. DE VAZY.

C'est au couvent qu'on leur donne ces airs-là. J'hésitais à l'y mettre parce que j'aurais autant aimé

qu'elle ne fût pas romanesque mais, au conseil du
département, tous mes collègues m'ont fait la guerre;
il a bien fallu céder.

MME DE ROCHEBRUTE.

Je croyais que vous vous étiez contenté de faire
venir chez vous la religieuse que vous avez.

M. DE VAZY.

Non. La sœur Placide est une assez bonne fille
qui s'était attachée à Émilie pendant qu'elle était au
couvent; Emilie m'a demandé la permission de l'em-
mener avec elle; je n'ai pas de femme, elle se serait
ennuyée toute seule; elle trouve au moins avec qui
bavarder.

MME DE ROCHEBRUTE.

Les garçons, sous ce rapport-là, sont beaucoup
plus commodes que les filles. Je n'ai jamais été
obligée de m'occuper d'Hubert; notre curé lui a
montré un peu de latin, ce qu'il en faut à un gentilhomme; s'il avait aimé la lecture, il y a de vieux
livres au château; mais il aimait mieux la chasse, je
l'ai laissé faire; ça revient au même.

M. DE VAZY.

Ah! mon Dieu! quand on a des enfans, tout ce
qu'on peut désirer, c'est de ne pas en être embarrassé. Voilà pourquoi je vous ai engagée à presser
ce mariage. J'aime ma fille plus que tout au monde;
mais c'est quelquefois gênant. Je ne vois que mes

voisins, sans façons comme moi; si l'on veut rire,
il y a là Émilie et puis cette religieuse qui enten-
draient bien toutes deux la malice, ce n'est pas
l'embarras; mais vous savez? Au lieu qu'une fois
mariée, tant pis pour elle. Votre fils a l'air d'un
fier gaillard.

Mme DE ROCHEBRUTE.

C'est son père.

M. DE VAZY.

Rochebrute n'était pas si bien.

Mme DE ROCHEBRUTE.

Vous trouvez? je ne puis pas juger cela, moi; mon
mari avait tant de qualités. Il y a quatre ans que je
l'ai perdu; vous me croirez si vous voulez, j'y pense
encore tous les jours, monsieur de Vazy.

(Elle passe la main sur ses yeux.)

M. DE VAZY.

Pour ma femme, j'ai eu assez de bonheur, je me
suis fait une raison tout de suite. Pour peu qu'on
s'égayât, madame de Vazy faisait tout de suite la gri-
mace. Elle m'aurait trouvé charmant si j'avais voulu
prendre les manières du grand monde. Pourquoi
faire?

Mme DE ROCHEBRUTE.

Vous avez bien raison.

M. DE VAZY.

Ça ne déplairait pas trop non plus à Émilie; mais

ce n'est que ma fille, et je lui dis : « Écoute donc, je
ne t'empêche pas de chanter tous tes o, o, tes a, a,
sur ton piano ; laisse-moi rire, que diable ! laisse-
moi rire. »

Mme DE ROCHEBRUTE.

Elle joue donc du piano.

M. DE VAZY.

C'est la mode. Le neveu du préfet lui apporte les
romances nouvelles ; ils s'extasient ensemble sur des
balivernes où ni vous, ni moi, nous ne compren-
drions goutte : ils sont heureux ; ça n'est pas cher.

Mme DE ROCHEBRUTE.

Le neveu du préfet, dites-vous ?

M. DE VAZY.

Oui, un petit jeune homme très-gentil, qui, je
crois bien, aurait assez aimé à devenir mon gendre,
quoiqu'il n'ait jamais osé m'en parler ; mais outre
que ma fille ne m'appartient plus, il n'a pas de fortune.

Mme DE ROCHEBRUTE.

Et si mademoiselle Émilie se trouvait avoir de
l'inclination pour lui, par hasard ?

M. DE VAZY.

Bast, bast, toutes les petites filles ont toujours un
petit jeune homme avec qui elles chantent en attendant qu'elles se marient ; ça ne signifie rien.

Mme DE ROCHEBRUTE.

Monsieur le baron , monsieur le baron, vous êtes terriblement confiant. Ces damoiseaux-là sont quelquefois plus dangereux que d'autres. Ils ont un jargon, une façon de rouler les yeux! Pour un oui, pour un non, ils font comme s'ils allaient mourir. A l'âge de mademoiselle Émilie, on prend tout cela pour argent comptant. Je sais bien que si j'avais une fille, je ne lui laisserais pas voir un chat; j'en sais trop les conséquences.

M. DE VAZY.

Ma foi! ma fille a une gouvernante, c'est à elle à y prendre garde.

SCÈNE VI.

Mme DE ROCHEBRUTE, M. DE VAZY, ÉMILIE,

(Mise en jeune personne, mais d'une manière très-élégante.)

M. DE VAZY, à sa fille.

Tu viens voir si ton amoureux est avec nous.

ÉMILIE.

Je n'ai pas d'amoureux, mon père.

M. DE VAZY.

Bonne pièce! tu fais comme si tu ne me comprenais pas.

MME DE ROCHEBRUTE, avec emphase.

Mademoiselle, il est sûr que pour une demoiselle comme vous, qui a autant d'avantages du côté de l'esprit que du côté du cœur.... Mais Hubert est aussi un bien bon garçon.

M. DE VAZY.

Et un bien beau garçon, ce qui ne gâte rien. Ne fais donc pas tes mines; tu sais que je n'aime pas cela. Puisqu'il doit être ton mari, on peut bien plaisanter un peu, ce me semble. (A madame de Rochebrute.) Si vous m'en croyez, madame la comtesse, nous irons faire un tour de promenade.

MME DE ROCHEBRUTE, à Émilie.

Mademoiselle viendra-t-elle avec nous?

ÉMILIE.

Vous êtes bien bonne, Madame; mais je me suis déjà beaucoup promenée ce matin.

M. DE VAZY.

Reste, reste ; nous n'avons que faire de toi.

MME DE ROCHEBRUTE, bas à M. de Vazy.

J'ai grand' peur que mon fils ne lui plaise guère.

M. DE VAZY, de même.

Je voudrais bien voir cela, par exemple.

(Il sort avec madame de Rochebrute.)

SCÈNE VII.

ÉMILIE, un peu après soeur PLACIDE.

ÉMILIE.

Quelle belle mère! quel mari! Suis-je assez malheureuse? (Elle s'assied.) Je ne vois aucun moyen d'é-
viter cet odieux mariage. (Elle laisse tomber sa tête entre ses
mains.)

SOEUR PLACIDE.

On pleurera donc toujours? On ne sera donc jamais raisonnable? Toute la sainte matinée, vous
n'avez pas fait autre chose que de vous tourmenter,
que de gémir; je ne veux pas de cela; je veux qu'on
ait du courage. Pourquoi n'avez-vous pas dormi cette
nuit? Pourquoi n'avez-vous pas déjeuné ce matin?
Qu'est-ce que cela veut dire? Ne devriez-vous pas
chercher à prendre des forces au contraire? Quand
je me vois au moment d'avoir du chagrin, je fais
mon café un peu plus fort qu'à l'ordinaire, ou bien
je bois un petit coup de quelque chose de bon; on
chante un cantique par là-dessus, et il n'est plus
question de rien.

ÉMILIE , *se levant.*

Il y a des peines que vous ne pouvez pas comprendre, ma sœur.

SOEUR PLACIDE.

Ta, ta, ta, des peines! des peines! Parce qu'on aura un mari plutôt qu'un autre. Et celles qui n'en ont pas du tout, comment font-elles? Vous êtes trop heureuse, voilà le fait. Vous ne manquerez jamais de rien; vous êtes sûre d'avoir toujours une bonne table, un bon lit, du bon feu et de bons vêtemens à changer tant que vous voudrez : combien y en a-t-il qui n'ont rien de tout cela, et qui sont bien obligées de prendre leur parti? Vous êtes toutes de même. Au couvent, quand je m'approchais de quelques pensionnaires qui causaient ensemble, je n'avais pas besoin de leur demander de quoi elles parlaient, c'était toujours d'amour et d'amoureux. On dirait qu'il n'y a que cela dans le monde. Certainement monsieur Amédée est plus gracieux que monsieur Hubert, il revient davantage...

ÉMILIE.

C'est heureux que vous trouviez cela.

SOEUR PLACIDE.

Mais il faudrait connaître monsieur Hubert.

ÉMILIE.

Il n'y a qu'à le voir.

SOEUR PLACIDE.

Vous ne pouvez pas dire qu'il n'ait pas un beau visage; il ressemble comme deux gouttes d'eau à saint Charles Borromée.

ÉMILIE.

Il s'agit bien de visage.

SOEUR PLACIDE.

De quoi s'agit-il donc? C'est encore ce que vous vous dites entre vous autres. « Moi, il faudra que mon mari soit spirituel. Moi, il faudra que le mien soit brave. » Il semblerait qu'il n'y a qu'à choisir. Et puis le moment de se marier arrive ; on ne veut pas se démentir de ce qu'on a dit à ses camarades, et on fait des façons, on pleure, on se met dans l'état où vous êtes, pour finir toujours par prendre celui qu'on vous donne.

ÉMILIE.

Vous m'engagez donc à oublier monsieur Amédée?

SOEUR PLACIDE.

Le pourrais-je? lui qui m'a promis de ne jamais me séparer de ma chère fille. Vous parlez de malheur, y en aurait-il un plus grand pour moi? Que deviendrais-je? Mais monsieur Hubert, sans avoir l'air de douceur ineffable de monsieur Amédée, n'est peut-être pas non plus aussi sauvage qu'on pourrait le croire. J'ai déjà vu une excellente chose de lui.

ÉMILIE.

Quel est donc ce miracle?

SOEUR PLACIDE.

Le petit garçon du père Corbeau était à la porte
de la cuisine à attendre, en pleurant, qu'on lui don-
nât un morceau de pain; monsieur Hubert, qui par-
tait avec le garde-chasse, appelle l'enfant, lui demande ce qu'il a; l'enfant lui répond qu'il n'a pas
mangé depuis la veille. « Et c'est pour ça que tu
pleures, » lui crie monsieur Hubert d'une voix à
faire casser les vitres, en le secouant par le bras
comme pour le tuer? « Est-ce qu'un homme doit jamais pleurer? Tiens, porte cela à ton père pour qu'il
t'achète du pain. » Aussitôt qu'il fut éloigné, je
m'approchai du petit Corbeau ; sur mon ame, c'était
dix francs qu'il lui avait donnés. (Émilie, qui a entendu un
léger bruit, court au siège qu'elle avait quitté, et se remet dans la
même position qu'au commencement de la scène.)

SCÈNE VIII.

ÉMILIE, soeur PLACIDE, AMÉDÉE.

AMÉDÉE de l'air le plus contristé s'approche d'Émilie.
Mademoiselle, voici le nocturne que vous vouliez

avoir; je l'ai transposé afin de vous en rendre l'exé-
cution plus facile. (Il soupire.)

ÉMILIE, toujours assise.

Ah! monsieur Amédée.

AMÉDÉE, languissamment.

Je sais qu'ils sont arrivés, Mademoiselle.

ÉMILIE.

Que faire?

AMÉDÉE.

Mon oncle venait de recevoir la certitude de pouvoir m'attacher à l'ambassade de Vienne.

ÉMILIE.

Hélas! il est bien tard.

AMÉDÉE, à sœur Placide.

Ma bonne sœur, je n'ai pas oublié vos pastilles.

SOEUR PLACIDE.

Qui ne s'intéresserait à un si aimable monsieur.
(Elle prend une pastille.) Le joli manger! Ne nous déso-
lons pas, mes chers enfans. Émilie n'aime pas monsieur de Rochebrute; c'est clair comme le jour;
mais qui dit que monsieur de Rochebrute se soucie
d'elle?

AMÉDÉE.

Peut-on la voir sans l'aimer?

SOEUR PLACIDE.

Cher Monsieur, c'est bien vrai; cependant il faut

attendre. Mille petites choses, un rien, la Providence, peuvent venir à la traverse.

ÉMILIE.

Vous connaissez l'opiniâtreté de mon père.

SOEUR PLACIDE.

C'est un cœur de roche.

AMÉDÉE, levant les yeux au ciel.

Que n'a-t-il le mien?

SOEUR PLACIDE.

Oh! oui. Vous qui êtes si sensible, vous ne feriez le malheur de personne.

AMÉDÉE, à Émilie.

Vous a-t-il parlé?

ÉMILIE.

Qui?

AMÉDÉE.

Lui.

ÉMILIE.

Monsieur Hubert?

AMÉDÉE.

Il m'est impossible de prononcer son nom.

SOEUR PLACIDE.

Comme c'est touchant.

AMÉDÉE.

Eh! bien, Mademoiselle?

ÉMILIE.

Nous ne nous sommes pas dit un seul mot.

AMÉDÉE.

Que je vous rends grace.

SOEUR PLACIDE.

Pardon, monsieur Amédée; vous avez parlé d'être attaché à une ambassade. Les femmes vont-elles là?

SCÈNE IX.

LES PRÉCÉDENS, FRANQUETTE.

FRANQUETTE.

Mamzelle, mamzelle, venez donc voir le beau renard que le monsieur d'hier au soir vient d'attraper. Est-il beau! Sainte Vierge! est-il beau! Sylvain jure ses grands dieux qu'il n'y a pas un chasseur au monde pour être bon chasseur comme ce monsieur-là. Imaginez-vous....

ÉMILIE.

En voilà assez, Franquette.

FRANQUETTE.

Laissez-moi donc vous dire, mamzelle. On savait que le renard était dans son terrier; on a pioché environ deux toises jusqu'à ce qu'on ait pu le voir. Quand il a été découvert, qu'est-ce -qu'a fait ce

monsieur? Il lui a présenté de la main gauche un
bâton que le renard a saisi avec sa gueule, et tout
de suite, avec la main droite, ce monsieur l'a pris
par l'oreille si fort, si fort que le renard avait beau
se cramponner, il a toujours fallu qu'il déguerpît.
Il est vivant avec une grosse corde au cou.

ÉMILIE.

C'est un jeu à se faire estropier.

FRANQUETTE.

Estropier! oh! ben, oui. Ce monsieur-là a plus
d'esprit que toutes les bêtes ensemble.

ÉMILIE.

Comme tu en parles avec feu.

FRANQUETTE.

Ce n'est pas parce qu'il m'a embrassée; mais j'aimerais ben que Charlot fût aussi adroit que ça.

ÉMILIE.

Il t'a embrassée.

FRANQUETTE.

Il a eu plus tôt fait que je n'ai eu le temps d'y regarder. Venez donc voir le beau renard, Mademoiselle.

ÉMILIE.

Laisse-nous.

FRANQUETTE.

Ça le flatterait.

ÉMILIE.

Je n'ai pas envie de le flatter.

FRANQUETTE.

Que je suis bête! vous avez raison .(Se retournant du côté d'Amédée.) Je vous demande excuse, Monsieur. (A part en s'en allant.) Allons voir encore le beau renard.

(Elle sort.)

SCÈNE X.

ÉMILIE, AMÉDÉE, soeur PLACIDE.

ÉMILIE.

Monsieur Hubert n'aura pas perdu son temps; il paraît qu'il a déjà fait la conquête de Franquette.

AMÉDÉE.

S'il le savait, il en serait peut-être très-fier.

SOEUR PLACIDE.

Quelle plaisanterie! Il est possible qu'il la trouve gentille; mais...

ÉMILIE , avec humeur.

Il est possible qu'il la trouve admirable, Madame.

SOEUR PLACIDE.

Vous m'appelez Madame! Vous avez quelque chose sur le cœur.

ÉMILIE.

Il est inouï de courir après une fille de basse-cour, de l'embrasser devant tout le monde, dans une maison où l'on n'est arrivé que de la veille, et où l'on vient pour se marier.

SOEUR PLACIDE.

Franquette n'a pas dit que ce fût devant tout le monde.

ÉMILIE.

Si c'est en cachette, c'est encore pis. Malheureusement que je dise cela à mon père, il n'en fera que rire.

AMÉDÉE.

Je ne voulais pas vous parler d'une lettre que j'ai reçue.

SOEUR PLACIDE.

Parlez donc, monsieur Amédée, parlez donc.

AMÉDÉE.

Elle est d'un de mes amis qui habite une terre voisine de celle de madame de Rochebrute.

SOEUR PLACIDE.

Vous dit il que la terre de madame de Rochebrute soit belle.

AMÉDÉE.

Quant à cela, il paraît qu'elle est superbe ; mais le château et les dépendances sont horriblement mal tenus.

SOEUR PLACIDE.

Ce ne serait rien.

ÉMILIE.

Ce ne serait rien; pour qui? Dans quel cas, à cause de quoi ne serait-ce rien? Vous avez l'air de vouloir faire entendre que si je l'habitais un jour, je saurais bien y remettre l'ordre.

SOEUR PLACIDE.

Pas du tout, pas du tout. Je ne devine pas ce que vous avez aujourd'hui. Tout ce qu'on vous dit, vous le prenez de travers.

ÉMILIE.

Il serait si étrange qu'on pût supposer que je penserais à ce mariage comme à autre chose, si quelques petites convenances s'y trouvaient, et que je pourrais m'accoutumer à l'idée de devenir la femme d'un homme sans éducation; qui n'a pas la moindre notion des convenances; qui s'est déjà trouvé deux fois à table avec moi, sans daigner m'honorer d'un regard.

SOEUR PLACIDE.

J'en étais plus scandalisée que vous-même.

ÉMILIE.

Je me soucie bien de son habileté de chasseur; cela peut séduire Franquette; mais moi.

AMÉDÉE.

Que je vous sais gré de cet aimable courroux. Le

ciel m'est témoin, mademoiselle Émilie, que j'aurais
employé mes efforts à vous cacher mes sentimens,
si j'avais pu croire que l'époux qu'on vous destine
eût été capable d'apprécier le trésor dont on voulait le rendre dépositaire.

SOEUR PLACIDE.

Quelle tendresse! Quelle noblesse! Quelle délica-
tesse!

ÉMILIE, à Amédée.

Que vous écrit-on de lui personnellement?

AMÉDÉE.

Ah! c'est un sauvage.

ÉMILIE.

Après.

AMÉDÉE.

Un homme emporté, violent, brutal.

ÉMILIE.

C'est assez l'idée que je m'en fais; mais que vous
dit-on de plus?

SOEUR PLACIDE.

Il me semble qu'en voilà bien assez.

ÉMILIE.

Non, sœur Placide, ce n'est pas assez. Il est emporté, violent; quand cela serait prouvé, mon père
ne l'est-il pas aussi? Ce que je voudrais avoir, ce
serait des raisons qui puissent faire impression sur
mon père.

13

AMÉDÉE.

Assurez-le, Mademoiselle, que tous les voisins de monsieur de Rochebrule, que toutes les personnes qui le connaissent sont persuadés qu'il ne consentira jamais à prendre une femme si bien élevée, si naturellement distinguée que leurs habitudes ne pourraient jamais se confondre.

ÉMILIE.

Ainsi, Monsieur, votre opinion et l'opinion de toutes ces personnes qui le connaissent, est qu'il refusera ma main, et qu'il n'est venu ici que pour insulter mon père. Il me semble, Monsieur, qu'on ne vous aurait pas écrit toutes ces particularités si vous ne les eussiez pas provoquées par quelque indiscrétion. Me voilà compromise d'une manière affreuse.

AMÉDÉE, bas à sœur Placide.

Je ne l'ai jamais vue comme aujourd'hui.

SCÈNE XI.

LES PRÉCÉDENS, SYLVAIN.

SYLVAIN.

Mam'zelle, je veux au moins vous le dire, parce

que si monsieur me gronde d'avoir laissé prendre à
l'écurie Jean-Bart, ce cheval si méchant dont monsieur voulait se défaire, il verra ben que ce n'est
pas de ma faute.

ÉMILIE.

Qui est-ce qui a pris ce cheval?

SYLVAIN.

Pardine! Mam'zeile, vot' marieux. Il lui a suffi
de savoir que personne n'osait s'en servir pour vouloir le monter, lui. Plus je lui disais que c'était
dangereux, plus il riait. (Il s'approche d'une croisée.) Tenez,
tenez, le voyez-vous? Le v'là déjà dans le parc.
(Tous les personnages s'approchent aussi de la croisée.)

ÉMILIE, dans la plus grande agitation.

Est-ce que le cheval a pris le mors aux dents?
monsieur Hubert n'en est plus le maître! Il va se
précipiter dans le grand fossé! Il y court! C'est un
homme perdu! (Elle pousse un cri.) Ah! (Elle se laisse tomber
sur un siège.)

SOEUR PLACIDE, lui frappant dans les mains.

Émilie! ma chère Émilie! Le fossé est franchi. Il
paraît que c'était cela que monsieur Hubert voulait
faire. Regardez donc. Il revient sur ses pas bien
tranquillement. Quel diable incarné que ce monsieur
Hubert!

ÉMILIE, *revenant à elle.*

La femme qui l'épousera n'aura pas un moment de repos ; elle sera toujours dans les transes.

SYLVAIN, *qui est resté à la croisée.*

Gn'y aura pas à lui résister à cet homme-là. Allons, il ne s'est pas contenté de faire sauter une fois c'te méchante bête, il va encore la faire ressauter... Là, qu'est-ce que je vous disais? L'animal têtu a, ma fine! trouvé plus têtu que lui. Je voudrais qu'il ressautît encore ; ça m'amuse. Jean-Bart n'est pas à la noce, ben sûr.

ÉMILIE.

Monsieur Amédée, je vous en prie, allez trouver monsieur de Rochebrute, et, par pitié pour moi, priez-le de finir.

AMÉDÉE.

Quel intérêt mettez-vous à cela? Ce sont ses affaires.

ÉMILIE, *avec aigreur.*

J'y vais aller moi-même. Peut-on me demander quel intérêt je mets à ce qu'un jeune homme ne se tue pas sous mes yeux ?

AMÉDÉE.

Voudra-t-il m'écouter seulement ?

ÉMILIE.

Essayez de lui parler, vous verrez.

SYLVAIN.

Ou ben chargez-en une de nos femmes ; alles lui feront, morgué, faire tout ce qu'ous voudrez. Un bonnet de paysanne sur un manche à balai, serait dans le cas de le mener au bout du monde, ce gaillard-là. Aussi toutes nos femelles le trouvent-elles ben agriable.

AMÉDÉE.

Venez avec moi, Sylvain.

(Ils sortent ensemble.)

SCÈNE XII.

ÉMILIE, sœur PLACIDE.

ÉMILIE.

Ne me parlez pas, ne me dites rien, je suis ridicule, je le sens ; mais c'est plus fort que moi. L'entêtement de mon père, le sang-froid de monsieur Amédée, ce jeune homme dont il faut s'occuper sans cesse, tout m'impatiente, tout me déplaît. Je tomberais malade que je n'en serais pas étonnée. Vous êtes bien heureuse, vous, sœur Placide.

SOEUR PLACIDE.

Chacun a sa croix, ma chère demoiselle.

13.

ÉMILIE.

Mon père ne voudra jamais me comprendre. Il faut que ce monsieur soit beau.

SOEUR PLACIDE.

Très-beau.

ÉMILIE.

Qu'il soit bien fait.

SOEUR PLACIDE.

Je m'y connais moins.

ÉMILIE.

Qu'il ait de l'adresse et du courage.

SOEUR PLACIDE.

C'est vrai.

ÉMILIE.

Et que, d'après ce que vous dites, il ne manque ni de compassion ni de générosité.

SOEUR PLACIDE.

J'en suis témoin.

ÉMILIE.

Et cependant c'est un brutal, un paysan, sans aucune espèce d'égards.

SOEUR PLACIDE.

Personne n'est parfait dans ce monde.

ÉMILIE.

Ah! de grace, pas de lieux communs, sœur Placide. Je n'ai jamais espéré avoir un mari parfait.

SŒUR PLACIDE.

Si la fortune eût favorisé monsieur Amédée cependant....

ÉMILIE.

Monsieur Amédée n'est pas plus parfait qu'un autre. Croyez-vous que je le regarde comme un phœnix? Il est d'une fadeur quelquefois, d'une circonspection qui va jusqu'à la poltronnerie. Sans Sylvain, je crois qu'il n'aurait pas osé aborder monsieur de Rochebrute.

SOEUR PLACIDE.

Il faut tout dire, vous vous êtes exprimée avec une vivacité très-remarquable.

ÉMILIE.

C'est à cause de cette lettre qu'il a écrite pour demander des renseignemens. Vous ne voyez pas le tort que peut me faire une pareille démarche de la part d'un jeune homme qui n'aura pas manqué de se vanter. Donnez-moi des conseils, sœur Placide.

SOEUR PLACIDE.

Sur quoi?

ÉMILIE.

Vous aviez tant promis de me guider, de me soutenir.

SOEUR PLACIDE.

Si je pouvais savoir ce que vous désirez.

ÉMILIE.

Ce serait à vous qui êtes calme, à le deviner, ce me semble.

SOEUR PLACIDE.

Je vois bien un mari que vous offre votre père; je croyais qu'il y en avait un autre que vous lui préfériez; il paraît que non. Il faut en attendre un troisième; s'il vous plaît davantage, je ne serai plus si embarrassée.

ÉMILIE.

C'est comme on répondrait à une idole, à un enfant que toute contradiction offenserait. Je ne suis pourtant pas si étrange. J'aperçois Franquette. Je vais l'appeler. (Elle va à la croisée et appelle.) Viens, Franquette! C'est ma sœur de lait; elle a du bon sens; je verrai ce qu'elle me dira.

SOEUR PLACIDE.

Fort bien, Mademoiselle, consultez Franquette, mais alors ne reprochez plus à monsieur Hubert de s'adresser à des filles de basse-cour.

(Elle sort.)

SCÈNE XIII.

ÉMILIE, un peu après FRANQUETTE.

ÉMILIE.

Sœur Placide ne peut rien entendre à l'amour. L'amour! mais je n'ai pas d'amour. Pour qui aurais-je de l'amour? En jeunes gens, nous ne recevons ici que monsieur Amédée; il a de la politesse, quelques petits talens; mais que d'affectation dans ses manières! Je n'en ai jamais été frappée autant que ce matin. A y regarder de près, la rusticité de l'autre a plus de grace. C'est bien dommage qu'un jeune homme comme cela...

FRANQUETTE.

Vous m'avez appelée, Mademoiselle?

ÉMILIE.

Oui, Franquette! je t'ai appelée, et à présent je ne sais plus ce que je voulais te dire. Où est ce monsieur? Il n'est plus à cheval?

FRANQUETTE.

Est-ce que vous l'avez vu à cheval? Il n'ignore de rien, ce monsieur-là; comme il se tient là-dessus! C'était un cheval qu'il fallait tuer, c'était un cheval

qui devait casser le cou à tout le monde; on aurait
été trop heureux de le donner pour le quart de ce
qu'il avait coûté; et pis v'là que ce n'est plus ça.
C'est ben la preuve qu'il n'y a rien comme les gens
d'esprit pour savoir tirer parti de tout.

ÉMILIE, négligemment.

T'a-t-il encore parlé?

FRANQUETTE.

Pardine! il ne ferait que cela si je voulais. Entre
nous, Mam'zelle, c'est un enjoleux; mais il a du
bon. Comme je lui ai dit que je devais épouser Charlot, et que je ne voulais pas avoir de reproches à me
faire, il m'a embrassée...

ÉMILIE.

Encore!

FRANQUETTE.

C'est sa manière; il ne faut pas y prendre garde;
ça n'empêche pas qu'il ne m'ait répondu que j'avais
raison; qu'il fallait être sage. Il paraît que c'est un
jeune homme qui a le cœur tendre et farouche.

ÉMILIE.

Farouche! je ne vois pas trop cela.

FRANQUETTE.

Vous allez voir. J'ai essayé de lui faire honte de
perdre son temps à me conter des fariboles, quand
il avait la liberté de vous entretenir tant qu'il vou-

drait ; il m'a regardée quelque temps dans les yeux...
Je n'ose pas vous répéter le reste.

ÉMILIE.

Que tu es enfant.

FRANQUETTE.

C'est que ce n'est pas à votre avantage, voyez-
vous ?

ÉMILIE.

Qu'est-ce que cela me fait ?

FRANQUETTE.

Il ne dit pas que vous ne soyez pas jolie.

ÉMILIE.

Quand il le dirait, je ne m'en soucie guère.

FRANQUETTE.

Seulement, je crois que vous lui faites peur.

ÉMILIE.

La sotte !

FRANQUETTE.

Pourquoi me faites-vous tant de questions aussi ?
Vous voulez savoir les choses, et vous appelez sotte
quand on vous les dit. Vous savez ben que vous ne
pouvez pas faire peur. Mais il croit que vous êtes
moqueuse ; que vous tenez à des petites façons, à
des petites manières qu'il n'a pas ; v'là ce qu'il
craint.

ÉMILIE.

Que lui as-tu répondu?

FRANQUETTE.

Je lui ai répondu qu'en effet.

ÉMILIE.

Qu'en effet j'étais moqueuse?

FRANQUETTE.

Vous allez encore vous fâcher. Non, qu'en effet, il n'avait pas les petites manières qui vous plaisaient. C'est-il pas la vérité? Au reste, ça lui est ben égal.

ÉMILIE.

Franquette, retiens bien ce que je vais te dire; je te défends dorénavant de t'entretenir de moi avec monsieur Hubert.

FRANQUETTE.

S'il m'attaque?

ÉMILIE.

Tu t'enfuiras.

FRANQUETTE.

Vous croyez que c'est ben facile. Il court plus fort que moi. Et pis je n'oserais, après la promesse qu'il m'a faite; il croirait que je ne sais pas vivre. Quand il a vu la vertu que j'avais de ne pas vouloir l'écouter, ne m'a-t-il pas promis mon habillement de noce?

ÉMILIE.

Te promettre un habillement de noce! A quel titre ?
Il se croit donc déjà le maître ici? Il pense donc à
s'y établir? Il ne met pas en doute qu'il sera mon
mari quand il le voudra, sans m'avoir dit un mot.
En vérité, la fatuité n'irait pas plus loin; et elle serait moins outrageante que cette absence de délica-
tesse. Laisse-moi, Franquette.

FRANQUETTE.

Oui, Mam'zelle.

(Elle sort.)

SCÈNE XIV.

ÉMILIE , SEULE.

Ce jeune homme qui ne me regarde pas, qui ne me
dit rien, qui semble me dédaigner, me fuir, dont il
ne me revient pas un mot qui ne soit une insulte,
finit cependant par s'emparer de toutes mes pen-
sées. C'est un bourru; sa mère, quoique comtesse,
n'est qu'une paysanne renforcée; ils n'ont aucune
habitude du monde. Si j'entrais dans cette famille-là,
il faudrait m'attendre à être choquée à chaque instant de tout ce que je verrais; et je ne me sens pourtant pas le courage de m'expliquer positivement

14

avec mon père. Ce jeune homme s'en ira sans seulement pouvoir dire comme est fait mon visage ; quelle est la couleur de mes cheveux ; si j'ai de l'esprit ; et sans même me laisser le mérite de l'avoir refusé. C'est impatientant. Le voici, avec monsieur Amédée. Que je voudrais entendre ce qu'ils vont se dire ! Je n'ai qu'à entrer dans ce cabinet.

(Elle ouvre une porte de côté et sort de la scène.)

SCÈNE XV.

AMÉDÉE, HUBERT ; ÉMILIE, dans le cabinet.

HUBERT.

Eh ! mon Dieu, Monsieur, est-ce qu'entre hommes on doit prendre tant de précautions pour convenir de ces misères-là ? Vous venez bien de m'avouer que vous aimiez mademoiselle Émilie ; pourquoi n'avoueriez-vous pas aussi que mademoiselle Émilie vous aime ?

AMÉDÉE.

Parce que je n'en ai pas la certitude.

HUBERT.

Franquette l'a bien cette certitude. Vous devez connaître Franquette ? La drôle de petite créature Les filles de ce pays-ci sont plus gentilles que les nôtres; mais elles paraissent moins apprivoisées. Est-ce une frime qu'elles font? Vous devez savoir ça, vous.

AMÉDÉE, souriant.

Non, en vérité.

HUBERT.

Qu'est-ce que vous savez donc? Chassez-vous, au moins?

AMÉDÉE.

Très-rarement.

HUBERT.

O ciel! dans un pays où il y a de si beaux bois! Vous aimez mieux chanter, à ce qu'on dit; mais, moi, je chante en chassant. Après ça, je vous le pardonne; quand on est amoureux d'une belle demoiselle, on doit toujours finir par faire tout ce qu'elle veut. Mademoiselle Émilie est musicienne, vous devez être musicien.

AMÉDÉE.

Monsieur, je ne dois pas vous laisser croire que je suis amoureux de mademoiselle Émilie.

HUBERT.

Pourquoi alors auriez-vous écrit à un de mes voisins pour avoir des renseignemens sur mon compte? Ne soyez pas embarrassé; vous avez joué votre jeu. J'ai vu votre lettre et la réponse qu'on y a faite. Elle n'est pas mal, la réponse; n'est-il pas vrai?

AMÉDÉE, un peu confus.

J'ai écrit à Édouard d'Ozerai, seulement dans l'intention très-désintéressée de savoir......

HUBERT.

Je ne vous en veux pas; prenez donc garde que je ne vous en veux pas. Mon père et celui de mademoiselle Émilie ont conclu ce mariage que nous n'étions encore que des enfans; ma mère y tient. N'ayant pas été élevés de même, nous ne devons pas nous convenir. Il fallait faire de moi un petit-maître, ou de mademoiselle Émilie une personne toute simple; on aurait vu. A présent, arrangez cela avec ma mère, si vous pouvez; je ne demande pas mieux.

AMÉDÉE.

Monsieur, je vous crois trop galant homme pour chercher à me faire faire une démarche indiscrète.

HUBERT.

Mademoiselle Émilie ne m'aimera jamais; je suis trop ignorant des choses du monde, pour espérer de lui plaire; voilà ce qui me fait vous parler comme je vous parle. Si je l'épousais, je ne serais pas malheureux, moi; un chasseur n'est jamais malheureux; mais elle souffrirait : c'est inutile.

AMÉDÉE.

Votre franchise me subjugue, et puisque ce sera de votre aveu..... (*Émilie entre sur la scène et regarde Amédée d'un air sévère.*)

HUBERT, à part.

Nous aurait-elle entendus ? Je me sauve.

(*Il sort.*)

SCÈNE XVI.

ÉMILIE, AMÉDÉE.

ÉMILIE, dans une grande agitation.

Monsieur Amédée, je vous demanderai quelle autorisation je vous ai donnée pour vous mêler de mon mariage.

AMÉDÉE.

Mais, mademoiselle Émilie....

ÉMILIE.

D'après la conversation que vous venez d'avoir ensemble, monsieur Hubert doit être convaincu que tout ce que vous avez fait jusqu'ici n'a été fait que de mon consentement ; que j'étais dans la confidence de cette lettre inexplicable que vous vous êtes permis d'écrire; je dois passer à ses yeux pour avoir dans le cœur une inclination qui n'y a jamais existé, et qui n'y existera jamais.

AMÉDÉE.

J'aurais pu croire........

ÉMILIE.

Qu'auriez-vous pu croire, Monsieur? car il faut que cela finisse. Vous avez des talens; vous avez du loisir; vous veniez dans cette maison un peu plus souvent peut-être que dans aucune autre; nous faisions de la musique ensemble; mon père ne le trouvait pas mauvais; vous plaisiez à mademoiselle Placide; il était tout simple qu'il s'établît entre nous une sorte d'intimité. Ce mariage m'occupait; nous en avons parlé devant vous, mais était-ce une raison pour pousser les choses au point que vous les avez poussées? Il n'y a pas jusqu'à Franquette qui ne s'imagine que vous êtes la cause de mon éloignement pour monsieur Hubert. D'où peut lui être venue cette idée-là?

AMÉDÉE.

Comme elle m'était venue, Mademoiselle? Cela tient peut-être à l'affabilité de votre caractère; mais dans cette intimité dont vous m'honoriez, dans le vif intérêt que vous portiez ce matin encore aux nouvelles que mon oncle venait de recevoir pour moi, j'avais cru voir un motif d'espérance auquel, je l'avoue, il m'est pénible de renoncer.

(Il la salue et s'en va.)

SCÈNE XVII.

ÉMILIE, ensuite soeur PLACIDE.

ÉMILIE.

Il a raison. Que d'inconséquences dans ma conduite ! Mais aussi quelle fatalité que l'isolement dans lequel j'ai passé ma vie. Dans le monde, jamais je n'aurais distingué monsieur Amédée; ici, je ne voyais que lui. Cependant je l'ai congédié d'une manière bien dure. Qu'y faire ? Je devrais m'enfermer dans ma chambre, ne voir personne; je m'aperçois bien que je ne dis rien, que je ne fais rien de ce que je devrais dire, de ce que je devrais faire.

SOEUR PLACIDE.

Encore une figure rembrunie ! Vous êtes malade, ma chère fille; bien sûr, vous êtes malade. Il faut vous promener, prendre l'air. Le temps est beau ; le soleil vous fera du bien. Voulez-vous que j'aille vous chercher de l'élixir de la mère Joséphine de la Miséricorde ? C'est souverain pour tous les malaises dont on ne peut pas se rendre compte.

ÉMILIE.

Ma sœur, je veux me faire religieuse.

SOEUR PLACIDE, riant aux éclats.

Ah ! ah ! ah ! religieuse ! voilà une bonne histoire, par exemple. On voit bien que vous ne connaissez le couvent que comme pensionnaire.

ÉMILIE.

J'y serai tranquille au moins.

SOEUR PLACIDE.

Vous y serez en enfer. C'est bon pour des pauvres filles qui ne savent que devenir : mais une demoiselle qui ne manque de rien ! Si vous voulez vous mettre en religion, mettez-vous-y chez vous. Je vous montrerai à faire mille petits ouvrages; à enluminer des figures de saints pour mettre dans des livres de piété, à broder des agnus, à confectionner toutes sortes de friandises. On fait son salut partout. Pour que rien n'y manque, nous arrangerons la lingerie en petite chapelle, et là, tous les matins, nous nous mettrons en retraite en attendant le déjeuner. Ce sera une vie exemplaire; mais du moins ne dépendrez-vous pas d'une supérieure fantasque et hautaine, ni de ces religieuses tracassières qui semblent n'avoir pris le voile que pour être assurées d'avoir toujours quelqu'un à tourmenter.

ÉMILIE, *se laissant tomber dans un fauteuil.*

Ce qu'il y a de certain, c'est que je renonce au mariage.

SCÈNE XVIII.

ÉMILIE, sœur PLACIDE, Mᵐᵉ DE ROCHEBRUTE,
M. DE VAZY.

M. DE VAZY.

Permettez-moi donc, madame la comtesse, d'être galant une fois dans ma vie.

Mᵐᵉ DE ROCHEBRUTE.

Je crains que cela ne vous donne beaucoup d'embarras, monsieur le baron.

M. DE VAZY.

Nullement, madame la comtesse. Et quand cela m'en donnerait?... Sœur Placide, madame la comtesse aime les fêtes champêtres ; comment nous y prendrons-nous pour faire danser ce soir les paysans ?

SŒUR PLACIDE.

On n'a qu'à avertir le petit Mercier de venir avec son violon, cela se saura bien vite dans le village.

M. DE VAZY.

Quand je vous disais, madame la comtesse. (A la sœur Placide.) Et où les fera-t-on danser? (Apercevant Emilie.) Je ne te voyais pas. Donne-nous ton avis, toi. Où fera-t-on danser?

ÉMILIE , d'un air distrait.

Je ne sais pas , mon père.

M. DE VAZY.

Qu'est-ce que c'est que cette réponse-là , Mademoiselle? Vous ne savez pas.

MME DE ROCHEBRUTE.

Allons, allons, monsieur de Vazy, pas d'humeur.

M. DE VAZY.

Il faut qu'elle dise où on dansera , Madame.

SOEUR PLACIDE , bas à Emilie.

Dites : à l'entrée de la grande avenue, comme la dernière fois.

ÉMILIE.

A l'entrée de la grande avenue, comme la dernière fois.

M. DE VAZY.

C'est bien heureux. (D'un ton plus doux.) Pourquoi ne répondais-tu pas tout de suite?

MME DE ROCHEBRUTE.

Je crains que mademoiselle Émilie ne nous voie pas de bon œil.

M. DE VAZY.

Que dites-vous, Madame?

MME DE ROCHEBRUTE.

Les jeunes messieurs ont aujourd'hui des manières agréables que mon fils n'a jamais voulu
prendre. C'est un ours, j'en conviens, mais un ours
plein de qualités. Hubert est très-adroit, Hubert est
très-courageux, Hubert est aimé de tout notre voisinage.

M. DE VAZY.

D'ailleurs, Madame, j'ai donné ma parole, et je
suis gentilhomme.

ÉMILIE, bas à M. de Vazy.

Mon père!

M. DE VAZY.

Ce n'est pas une raison pour me désobéir. Pense
à notre bal champêtre, et n'oublie pas de faire ta
toilette en conséquence.

MME DE ROCHEBRUTE.

Mademoiselle n'est-elle pas à merveille?

M. DE VAZY.

Trop à merveille, Madame; ce n'est pas ainsi qu'il
faut être mise pour danser avec des paysans. Elle
sait bien ce que je lui demande.

ÉMILIE.

Mais, mon père, quand nous avons du monde,
est-il de la bienséance...?

M. DE VAZY.

La bienséance est de faire ce que je vous dis.

ÉMILIE , à part en s'en allant.

Je me mettrai si simplement, que monsieur Hubert osera peut-être me parler ; et j'espère sortir enfin d'une situation aussi ridicule.

(Elle sort.)

SCÈNE XIX.

Mme DE ROCHEBRUTE, M. DE VAZY,
SOEUR PLACIDE.

M. DE VAZY , à sœur Placide , qui fait quelques pas pour suivre
Émilie.

Restez, restez, sœur Placide. Que se passe-t-il donc dans la tête de ma fille?

SOEUR PLACIDE.

Monsieur le baron croira facilement que tout ce qui est amour m'est à peu près étranger.

M. DE VAZY.

Qu'est-ce que cela me fait?

SOEUR PLACIDE.

Voici ce que cela fait : c'est que s'il y a de l'amour dans la tête de mademoiselle votre fille, je ne puis pas le deviner.

M. DE VAZY.

De l'amour pour qui?

SOEUR PLACIDE.

Pour qui? C'est cela qu'il faudrait savoir.

Mme DE ROCHEBRUTE.

Ce petit jeune homme du préfet, voyez-vous, monsieur de Vazy, on ne m'ôterait pas de l'idée...

SOEUR PLACIDE.

Elle vient de le congédier, Madame, et elle parle à présent de se faire religieuse.

M. DE VAZY.

Religieuse! ma fille religieuse! Était-ce pour la pousser à ce beau chef-d'œuvre que vous l'auriez suivie jusque chez moi, sœur Placide? Si je le croyais!

SOEUR PLACIDE.

Et au contraire, Monsieur; j'ai trop d'affection pour elle, et je connais si bien les couvens!

Mme DE ROCHEBRUTE.

Je ne prends pas le change. J'ai touché tout à l'heure la véritable corde devant mademoiselle Émilie; mon fils et moi nous sommes pour beaucoup dans ses chagrins; sur cela, vous pouvez m'en croire. Les demoiselles de Paris...

M. DE VAZY.

Ma fille n'est pas une demoiselle de Paris...

MME DE ROCHEBRUTE.

Laissez-moi donc me servir de mon expression. Toute demoiselle qui préfère de jolies manières à de bonnes qualités, est pour moi une demoiselle de Paris. C'est à cela qu'une dame de ma connaissance, qui habite la ville, m'a appris à les reconnaître : car vous croyez peut-être que je suis toujours une campagnarde comme du vivant de monsieur de Rochebrute ; vous vous trompez. Je vais à présent deux ou trois fois par hiver en soirées à Clermont ; j'y vois des personnes qui font souvent le voyage de la capitale ; et n'ai-je pas moi-même passé à Paris presque tout l'automne de la première restauration ?

M. DE VAZY.

Je vous en fais mon compliment.

MME DE ROCHEBRUTE.

Il faut tout dire ; j'avais un prétexte. Mon frère était dans les mousquetaires de ce temps-là ; en me laissant aller, monsieur de Rochebrute était sûr que je serais en bonne compagnie. Dans le fait, j'avais toujours quelqu'un de ces messieurs pour me conduire à la messe et aux comédies du château, ou partout ailleurs. Ils étaient si polis ! Cela m'a donné beaucoup d'usage ; c'est quelquefois utile. Je sais ce que c'est qu'un hôtel garni ; si l'on parle des beaux cafés, des promenades publiques, des boulevards,

des Tuileries, du Luxembourg, des différens spec-
tacles, je puis placer mon mot. Voilà pourquoi je
suis fâchée que votre demoiselle n'ait pas causé avec
moi avant de nous juger en dernier ressort. Je dis
avec moi ; car malheureusement, avec mon fils elle
ne trouverait pas les mêmes ressources. Il a ces
sortes de conversations en horreur.

M. DE VAZY.

Je l'en aime davantage, madame la comtesse, et
je jure, parbleu! qu'il sera mon gendre. Je suis très-
fier de n'être qu'un gentilhomme de campagne et
de n'avoir jamais été à Paris. Je ressemble en cela
à mon père, et je veux un gendre qui soit comme
moi.

MME DE ROCHEBRUTE.

Oh! mais, vous devez vous rappeler mon mari.

M. DE VAZY.

Si je me le rappelle! « Noblesse de cour, vau-
tours, » nous disions-nous chaque fois que nous
nous abordions; et cela nous mettait toujours en
gaieté.

MME DE ROCHEBRUTE.

Pour Hubert, il serait très-possible qu'il ne sût
seulement pas s'il y a une cour.

M. DE VAZY.

C'est là mon gendre. Ma fille l'aimera ou ne l'ai-

mera pas, ce n'est pas une affaire; une femme n'est
pas obligée d'aimer son mari.

MME DE ROCHEBRUTE.

Une femme n'est pas obligée d'aimer son mari !

M. DE VAZY, faisant l'agréable.

Non, madame la comtesse; mais un mari est toujours obligé d'aimer sa femme.

MME DE ROCHEBRUTE.

Monsieur le baron, vous êtes un mauvais plai-
sant.

M. DE VAZY, lui baisant la main.

Je vais donner moi-même les ordres pour votre
bal, afin qu'il soit digne de vous.

MME DE ROCHEBRUTE.

Par la même occasion, si vous rencontrez mon
fils, envoyez-moi-le donc.

M. DE VAZY.

Je le ferai chercher.

(Il sort.)

SCÈNE XX.

Mme DE ROCHEBRUTE, sœur PLACIDE.

Mme DE ROCHEBRUTE.

Il est infiniment original monsieur le baron ; mais il est très-bel homme, et tout sied aux beaux hommes ; ne trouvez-vous pas, ma sœur? (En riant.) Quelle question est-ce que je vais faire à une religieuse?

SOEUR PLACIDE.

Madame, nous sommes pour tout entendre.

Mme DE ROCHEBRUTE.

Dites-moi donc pourquoi mademoiselle de Vazy ne paraît pas aimer Hubert. Nous sommes entre femmes ; il n'y a pas de papa qui nous gêne ; voyons, parlez-moi, la main sur la conscience.

SOEUR PLACIDE.

Si mademoiselle Émilie n'aime pas encore monsieur votre fils, ce que je n'oserais affirmer, cela tient peut-être à ce qu'elle n'a pas encore eu assez de temps pour le connaître.

MME DE ROCHEBRUTE.

Vieilles idées. Quand on a à aimer, on aime tout de suite, ma chère sœur.

SOEUR PLACIDE.

Sans avoir seulement échangé une parole?

MME DE ROCHEBRUTE.

On a assez de temps d'échanger tout ce qu'on veut après. Écoutez, ma bonne sœur; je ne veux pas rester veuve; je ne puis pas me remarier tant que j'aurai auprès de moi un fils du caractère du mien, qui pourrait prendre son beau-père en grippe, et me rendre la femme la plus malheureuse du monde. Vous qui êtes pour tout entendre, vous devez entendre cela.

SOEUR PLACIDE.

Aussi l'entends-je parfaitement.

MME DE ROCHEBRUTE.

J'ai été mariée pendant dix-huit ans; j'en ai l'habitude. L'air est excellent chez moi; mon château est à mi-côte; voilà quatre ans que je suis veuve. J'ai beau avoir de l'occupation; quand il pleut, qu'on ne peut rien faire dehors, on aime assez, en rentrant, à trouver là quelqu'un à qui parler. Concevez-vous?

SOEUR PLACIDE.

Je n'ose pas trop dire.

Mme DE ROCHEBRUTE.

Je suis sûre que vous êtes de mon avis ; mais, vu votre robe, je ne vous en demande pas davantage. Tâchez de décider votre demoiselle , ma sœur ; je ne serai point ingrate. Il faut faire attention à une chose ; mon fils fera ce mariage-ci , parce qu'il le regarde comme la volonté de son père ; mais, s'il manquait, en vérité, je ne sais trop comment je m'y prendrais pour l'engager à en entamer un autre.

SCÈNE XXI.

Mme DE ROCHEBRUTE, HUBERT, SŒUR PLACIDE.

HUBERT.

Vous voulez donc encore me reparler, ma mère?

Mme DE ROCHEBRUTE.

Oui, Hubert, je veux vous reparler. (A la sœur Placide.) Réfléchissez aux conséquences de ce que je vous ai dit, ma bonne sœur ; si vous réussissez, je tiendrai ma parole ; je saurai reconnaître vos bons offices.

(Sœur Placide sort.)

HUBERT.

Que voulez-vous me dire ?

MME DE ROCHEBRUTE.

Que tu te conduis fort mal; que tu ne te prêtes pas du tout aux circonstances.

HUBERT.

Allons, voilà que je ne me prête pas aux circonstances. De quoi sommes-nous convenus en venant ici? Que je ne me mêlerais de rien, et que vous feriez tout ce qu'il y aurait à faire pour ce mariage. Quand il sera fait, le reste me regardera, à la bonne heure.

MME DE ROCHEBRUTE.

C'est bien parler comme un enfant gâté. Il épousera une demoiselle sans l'avoir regardée, sans lui avoir dit un seul mot.

HUBERT.

Qu'est-ce que cela fait, pourvu que je l'épouse?

MME DE ROCHEBRUTE.

Mais c'est qu'on n'épouserait pas même la dernière des paysannes avec des manières comme celles-là.

HUBERT.

Que voulez-vous que je lui dise? Je ne veux pas lui apprêter à rire, d'abord. Je n'ai pas le ramage de son monsieur Amédée, moi.

MME DE ROCHEBRUTE.

Elle n'aime pas ce monsieur Amédée, puisqu'elle vient de le congédier.

HUBERT, *avec étonnement mêle de satisfaction.*

Elle l'a congédié? (Après une légère pause.) Ça ne signifie rien; ce sera toujours un oiseau de cette espèce-là qu'elle voudra avoir. Nous aurons fait un sot voyage. Je m'étais figuré mademoiselle de Vazy comme une bonne grosse fille qui allait me rire du premier moment qu'elle m'aurait vu, et avec laquelle j'aurais été tout de suite à mon aise comme avec une femme qui devait être la mienne.

MME DE ROCHEBRUTE.

Tu ne pouvais pas croire cela, puisqu'on nous avait déjà avertis que c'était une mijaurée.

HUBERT.

Eh bien! pourquoi voulez-vous que j'épouse une mijaurée? Avant de l'avoir vue, nous pouvions croire qu'on nous avait trompés; mais à présent que nous l'avons vue....

MME DE ROCHEBRUTE.

Je t'assure que je la trouve beaucoup mieux que je ne m'y attendais. Elle a l'air modeste.

HUBERT.

A quoi ça sert-il? il n'y a rien de plus embarrassant pour un homme. J'aime qu'on me regarde dans les yeux; j'y regarde aussi, moi, et du moins je sais à quoi m'en tenir; au lieu que des simagrées, c'est ennuyeux. A Clermont, elles sont deux ou trois petites filles comme ça, qui rougissent quand elles veulent; qui font les effarées pour peu qu'on leur dise un mot; il semblerait qu'on n'est que du menu gibier auprès d'elles. Ma foi, pour ma part, je les laisse bien tranquilles.

MME DE ROCHEBRUTE.

Tu ne dois pas épouser ces demoiselles-là, mais fais quelque effort pour celle-ci, mon petit Hubert. Elle sera peut-être une très-bonne petite femme; je n'en serais pas étonnée. Tu n'es pas parfait non plus, toi.

HUBERT.

C'est votre faute, ma mère.

SCÈNE XXII.

MADAME DE ROCHEBRUTE, HUBERT, FRANQUETTE.

FRANQUETTE.

Madame, dites-moi donc ce que je vas faire. Mam'zelle m'a envoyée voir si monsieur son père était dans ce salon, parce qu'elle ne veut pas y venir sans cela; faut-il que j'aille lui dire qu'il n'y est pas?

MME DE ROCHEBRUTE.

Non , ma petite, ne lui dites rien. Mon fils et moi nous ne serons pas fâchés de causer avec elle.

FRANQUETTE.

Si c'est comme ça , je ne retournerai pas dans sa chambre, parce qu'il faudrait lui faire un mensonge.

HUBERT.

Et tu ne sais pas mentir, toi, Franquette?

FRANQUETTE.

Quand ça ne me rapporte rien , Monsieur.

(Elle sort.)

MME DE ROCHEBRUTE.

Voici une belle occasion, Hubert.

HUBERT.

A condition que vous vous en irez ; je veux être seul avec elle ; vous me gêneriez. Vous voudriez parler pour moi ; et, quand vous parlez pour moi , je trouve que vous ne dites jamais ce qu'il faudrait dire.

MME DE ROCHEBRUTE.

Tu as si peu d'usage.

HUBERT.

Il faut qu'elle le sache. Je lui plairai ou je ne lui plairai pas, ça m'est égal ; mais elle me connaîtra tel que je suis.

Mme DE ROCHEBRUTE.

Dans une entrevue pour un mariage, il faut savoir se frelater.

HUBERT, regardant du côté de la coulisse.

Est-ce que c'est elle que je vois? regardez donc, ma mère. Pourquoi est-elle habillée comme cela?

Mme DE ROCHEBRUTE.

C'est son père qui l'a voulu.

HUBERT, d'un air joyeux.

Il a eu bien raison, son père. Elle a de l'air de la petite Alexandrine qui vient repasser le linge à Rochebrute. Allez-vous-en, ma mère, et laissez-nous ensemble.

Mme DE ROCHEBRUTE.

Mon petit Hubert, je crains.

HUBERT.

Vous craignez toujours. Si vous restez, je m'en vas.

Mme DE ROCHEBRUTE.

Ne te fâche pas; mais prends des mitaines pour ne pas l'effaroucher.

(Émilie entre, les yeux baissés; madame de Rochebrute sort après avoir fait encore, par signes, des recommandations à son fils.)

SCÈNE XXIII.

HUBERT; ÉMILIE, coiffée d'une cornette et vêtue d'une robe simple, avec un fichu et un tablier de taffetas vert.

ÉMILIE, levant les yeux.

Mon père n'est pas ici ! (Elle va pour sortir.)

HUBERT.

De quoi avez-vous peur, Mademoiselle ?

ÉMILIE.

Vous me reconnaissez, Monsieur ?

HUBERT.

Je serais bien maladroit de ne pas vous reconnaître après vous avoir vue deux fois.

ÉMILIE.

On ne peut pas dire qu'on a vu des gens qu'on n'a pas regardés.

HUBERT.

Vous croyez donc aussi que je ne vous ai pas regardée, vous ? C'est le bruit de la maison. Ma mère et Franquette m'en ont déjà fait le reproche ; j'en riais ; cela me paraissait drôle, parce que je ne

16

croyais pas que vous vous y fussiez trompée, Mademoiselle.

ÉMILIE.

On me l'a dit; car pour moi...

HUBERT , avec malice.

Vous étiez trop occupée pour en faire la remarque. En effet, quand on passe tout le temps d'un souper à mettre en petits morceaux un blanc de volaille sans en manger une seule bouchée; qu'ensuite on se fait apporter une salade qu'on assaisonne et qu'on retourne pendant plus d'un quart d'heure; qu'après cela on roule entre ses doigts de la mie de pain dont on fait des petits canards qu'on finit par donner à un chien, on n'a guère le temps de s'apercevoir si les gens s'occupent de vous, ou ne s'en occupent pas.

ÉMILIE , riant.

Vous avez pris garde à tout cela?

HUBERT.

Je croyais au moins que ce matin, à déjeuner, vous vous décideriez à lever les yeux sur moi; mais une côtelette avait remplacé le blanc de volaille de la veille; vous l'avez mise dans le même état sans en manger davantage; et si votre religieuse ne vous eût dit quelques mots à l'oreille, vous n'auriez pas plus déjeuné que vous n'aviez soupé. Je lui ai su

bon gré de vous avoir forcée de prendre un œuf à
la coque; vous en avez mangé bien peu; mais c'est
égal, c'était toujours cela.

ÉMILIE.

Je vais croire que vous êtes sorcier, monsieur
Hubert.

HUBERT.

Non.

ÉMILIE.

Quelqu'un vous a donc raconté ces détails?

HUBERT.

Mais non, vous dis-je.

ÉMILIE.

Si vous m'eussiez regardée, je l'aurais bien vu.
Vous étiez comme un affamé, la tête presque dans
votre assiette, cassant votre pain avec vos doigts;
ce qui ne se fait jamais.

HUBERT.

C'est mal?

ÉMILIE.

Très-mal. N'attendant pas que vous eussiez fini
une chose pour en demander une autre; cent fois au
moment de mettre vos coudes sur la table.

HUBERT.

Mais je ne les ai pas mis.

ÉMILIE.

De combien s'en est-il fallu?

HUBERT.

Enfin, je ne les ai pas mis.

ÉMILIE.

C'est comme ce matin, vous buviez votre café dans une soucoupe et vous placiez votre tasse sur votre verre. Où fait-on cela?

HUBERT.

Chez nous.

ÉMILIE.

On a tort.

HUBERT.

Mon oncle, qui est militaire, cependant....

ÉMILIE.

Si c'est comme militaire que vous avez pris cette mode....

HUBERT.

Je ne suis pas militaire.

ÉMILIE.

Eh bien! alors?

HUBERT.

Ce que c'est que l'habit pourtant. Si vous n'étiez pas mise comme vous êtes là, tout ce que vous me dites me donnerait de l'humeur peut-être; votre franchise me paraîtrait de la moquerie. Je ne puis pas souffrir les personnes moqueuses.

ÉMILIE.

Il n'y a pas à se moquer de vous.

HUBERT.

Oh ! je sais bien ce qui me manque. J'ai été si mal élevé.

ÉMILIE.

Il ne faut pas dire cela.

HUBERT.

Vous le voyez bien.

ÉMILIE.

Je vous assure que non. Un homme mal élevé est un homme qui a des défauts essentiels ; je ne crois pas que vous en ayez. Pour ce qui est de convention, d'usage, c'est l'affaire de deux ou trois jours de leçons.

HUBERT.

Qui est-ce qui me donnera ces leçons ?

ÉMILIE.

Moi, si vous voulez.

HUBERT.

Quand vous aurez repris vos airs de grande dame, vous n'aurez peut-être plus la même bonne volonté.

16.

ÉMILIE.

Il serait possible aussi que vous n'ayez plus autant de confiance en moi; je n'aurai pas toujours
une cornette et un tablier.

HUBERT.

Voilà ce que c'est : la cornette et le tablier, c'est
pour me reprocher de parler aux paysannes. Voulez-vous savoir pourquoi je leur parle? c'est parce
que je sais comment on peut leur parler. Une
paysanne à qui on dit qu'elle est jolie, eh bien, elle
est contente. Si j'allais dire la même chose à une
demoiselle comme vous, elle me recevrait bien, je
crois.

ÉMILIE, souriant.

C'est selon.

HUBERT.

C'est selon quoi?

ÉMILIE.

Si vous le disiez de façon à faire croire que vous
en êtes persuadé, cela pourrait ne pas déplaire.

HUBERT.

Je me rends justice; je ne suis pas bon pour faire
des façons; j'y serais gauche; vous vous y connaissez
trop. Du premier coup d'œil j'ai vu que je ne pouvais pas vous convenir; mais comme en même temps
j'ai deviné que votre père était un bourru qui vous

tourmenterait sans pitié, j'ai commencé à dire à ma
mère que ce mariage me contrariait; que vous étiez
trop demoiselle; que vous ne me plaisiez pas. De
cette façon-là, votre père ne pourra accuser que
moi : je m'en moque.

ÉMILIE.

Vraiment, monsieur Hubert, c'est très-délicat.

HUBERT.

Pas trop. Je dois bien m'attendre à laisser dans
ce pays-ci l'idée que je suis un homme grossier,
qui ne sait faire la distinction de rien; qui n'a de
goût que pour les filles de campagne; qui préfère
les visages brûlés du soleil et les grosses mains rudes,
aux teints fins et délicats et aux petites mains bien
blanches; qu'est-ce que cela me fait? Monsieur de
Vazy ne pourra pas vous faire des reproches; je
vous donne même la permission de m'accuser d'im-
politesse, de manque d'égards, si cela peut vous
aider à calmer son humeur. Moi, je ne crains pas
ma mère; mais vous, c'est différent; monsieur de
Vazy ne doit pas être bon quand il s'y met; c'est à
cela que je dois penser.

ÉMILIE.

Je vous remercierais de cette déférence s'il ne
s'agissait que de mon père; mais deviez-vous aller
jusqu'à offrir ma main à monsieur Amédée, comme
vous l'avez fait tantôt?

HUBERT.

Ruse de chasseur, Mademoiselle. Quand je m'aperçois que le gibier est hors de ma portée, si je chasse avec quelqu'un, je lui laisse l'honneur du coup : cela a l'air d'une politesse, et, dans le fait, c'est pour ne perdre ni ma poudre, ni mon plomb.

ÉMILIE.

Monsieur Hubert, restez quelque temps avec nous.

HUBERT.

Non, Mademoiselle. Pour vous, il serait indifférent de me voir sept ou huit jours de plus; pour moi, ce ne serait pas de même.

ÉMILIE.

Pourquoi cela, monsieur Hubert?

HUBERT.

Vous m'écoutez; vous causez avec moi; vous ne me paraissez pas autrement dédaigneuse; je commence à être assez à mon aise avec vous. Si je venais à m'apercevoir que vous êtes meilleure fille que je n'avais cru, et la chose est possible, cela pourrait me donner à penser. Il vaut mieux que je m'en aille.

ÉMILIE.

Ce n'est pas raisonnable; car, de mon côté, si je

venais à réfléchir qu'un bon cœur et de la franchise
sont préférables aux grimaces et aux gentillesses
qu'on voit faire à quelques jeunes gens, et que des
singes feraient tout aussi bien, je serais peut-être
fâchée de vous voir partir.

HUBERT.

Vous ne seriez pas fâchée, Mademoiselle. Je n'ai
rien de ce qui peut vous plaire ; plus vous me verriez,
plus vous en seriez convaincue. Ce que vous me
dites est fort honnête ; je vous en remercie beaucoup ; mais c'est un langage du beau monde ; on
m'a averti ; je ne m'y laisserai pas prendre.

ÉMILIE.

Vous vous imaginez donc que je veux vous
tromper ?

HUBERT.

Tout en me congédiant, vous voulez y mettre de
la politesse.

ÉMILIE.

Mais, Monsieur, je ne vous ai pas congédié.

HUBERT.

Voulez-vous m'épouser ?

ÉMILIE.

On n'a jamais fait une pareille question aussi
brusquement.

HUBERT.

Vous voyez bien; j'en étais sûr. Si je vous plaisais, ma question vous paraîtrait ce qu'elle est, naturelle.

ÉMILIE.

Je crois que je vous embarrasserais beaucoup si je vous répondais, Oui. Convenez-en, monsieur Hubert, vous avez une autre inclination; et toute la conduite que vous tenez ici ne tend qu'à rompre avec décence le mariage qu'on avait arrêté entre nous.

HUBERT.

Moi!

ÉMILIE, lui faisant la révérence.

Je vous laisse parfaitement libre, Monsieur.

(Elle sort.)

SCÈNE XXIV.

HUBERT, ensuite soeur PLACIDE.

HUBERT.

En voilà bien d'un autre. J'ai une inclination; et
la preuve qu'elle en donne, c'est que je lui demande
tout net si elle veut m'épouser. Qu'est-ce que cela
signifie? Je vivrais cent ans que je ne comprendrais
jamais rien aux demoiselles. Ça ne peut pas parler
raison un quart d'heure de suite; il faut toujours
que ça finisse par quelque chose à quoi on ne s'at-
tend pas.

SOEUR PLACIDE.

Dites-moi un peu, mon beau Monsieur, où en
sommes-nous à cette heure.

HUBERT.

Demandez-le à votre demoiselle, Madame.

SOEUR PLACIDE.

Que vous a-t-on dit? voyons, mettez-moi au fait.
Je connais si bien toutes ces petites têtes-là; il m'en
est tant passé par les mains! A-t-on fait la réservée,
l'insouciante? Vous a-t-on fait entendre qu'on n'é-

tait pas pressée; qu'on avait le temps d'attendre; qu'on ne voulait se décider qu'après de longues épreuves? Tout cela, coquetterie, mon cher Monsieur; il ne faut pas y faire attention. Tout en parlant ainsi on voudrait déjà avoir l'anneau au doigt. Les jeunes filles! ah! les jeunes filles, ça ne se plaît que dans la dissimulation.

HUBERT.

Les demoiselles; car les autres sont assez franches.

SOEUR PLACIDE.

Vous avez donc à vous plaindre de mon Émilie?

HUBERT.

Je lui ai demandé si elle voulait m'épouser; elle m'a fait la révérence en me-disant qu'elle me laissait parfaitement libre. Mais n'allez pas répéter cela à son père, au moins.

SOEUR PLACIDE.

Est-ce que je répète jamais rien à monsieur de Vazy?

HUBERT.

Oui, sœur Placide, je commençais à prendre bonne opinion d'elle; elle me parlait comme une personne raisonnable qui sait que quand on n'a pas été instruit dans certaines choses, il est tout simple qu'on ne les sache pas; elle m'en faisait presque compliment; et puis voilà comme elle a·fini.

SOEUR PLACIDE.

Vous ne me dites pas tout.

HUBERT.

Pardonnez-moi.

SOEUR PLACIDE.

Est-ce qu'il faudra que je me fâche aussi contre elle? Qu'est-ce donc qu'elle prétend? Elle renvoie monsieur Amédée; on pouvait croire que c'était parce qu'elle vous avait vu et que vous lui plaisiez davantage; j'arrangeais cela avec son évanouissement.....

HUBERT.

Quel évanouissement?

SOEUR PLACIDE.

Lorsque vous avez franchi ce fossé.

HUBERT.

Elle s'est évanouie? c'est singulier.

SOEUR PLACIDE.

Voulez-vous que je vous fasse encore une confidence? Elle m'aime beaucoup, étonnamment; et rien que la peur, qu'une fois mariée, vous ne me sépariez d'elle....

HUBERT.

Elle peut être bien tranquille là-dessus.

SOEUR PLACIDE.

Je vous livre tous ses secrets. Ce qui lui plaisait le plus dans monsieur Amédée, c'était surtout les prévenances qu'il avait pour moi.

HUBERT.

J'apprendrais cela tout de suite.

SOEUR PLACIDE.

Ce serait madame votre mère alors qu'elle pourrait craindre.

HUBERT.

Ma mère? oh! bien oui. Ma mère, qui ne vit que de commérages! ce qu'elle aime le plus au monde, ce sont les religieuses.

SOEUR PLACIDE.

Allons, allons, ce serait pitié que de laisser aller un aimable jeune homme comme vous. S'il faut montrer les grosses dents, on les montrera. Qu'est-ce que ça voudrait donc dire? Un beau château, un fils unique, de l'aisance et de la tranquillité pour le reste de mes jours; elle est donc folle? Laissez, laissez-moi faire.

HUBERT.

Je ne veux tourmenter personne. Si cela ne vient pas de mademoiselle Émilie, hier à cette heure-ci, je ne la connaissais pas encore; en la quittant tout

de suite, dans quelques jours, je n'y penserai plus;
il vaut mieux que je m'en aille. Voici ma mère avec
monsieur de Vazy; je vais leur parler.

SCÈNE XXV.

Mᴀᴅᴀᴍᴇ ᴅᴇ ROCHEBRUTE, M. ᴅᴇ VAZY,
ꜱᴏᴇᴜʀ PLACIDE, HUBERT.

M. DE VAZY, à demi-voix, à madame de Rochebrute.

Heureux âge que le nôtre! Plus jeunes, nous au-
rions fait bien des enfantillages avant d'en venir où
nous en sommes venus. Un mot nous a suffi. Il est
vrai que vous ne serez plus comtesse, vous ne serez
que baronne; mais, croyez-moi, c'est aussi bon.

Mᴹᴱ DE ROCHEBRUTE, aussi à demi-voix.

Ne me serrez donc pas tant la main.

HUBERT, bas à sa mère.

Ma mère, quand partirons-nous?

Mᴹᴱ DE ROCHEBRUTE, haut.

Que dis-tu?

M. DE VAZY.

Hubert, vous allez devenir mon fils à double titre,

comme mari de ma fille et comme fils de ma femme. Votre mère consent à m'épouser. Sœur Placide, vous pouvez en répandre la nouvelle.

SOEUR PLACIDE.

Là! monsieur Hubert, ferez-vous encore des difficultés à présent?

MME DE ROCHEBRUTE.

C'est mon fils qui fait des difficultés!

M. DE VAZY.

Jeune homme, qu'est-ce que cela signifie?

MME DE ROCHEBRUTE, avec emphase.

Comment, mon fils, quand monsieur de Vazy et moi nous nous décidons à ne faire qu'une seule famille pour votre bonheur à tous les deux, uniquement pour ne pas vous quitter, dans la seule idée d'être toujours avec nos enfans, voilà comme tu réponds à notre tendresse, ingrat!

HUBERT.

Bast! bast! ma mère, chacun se marie pour soi. Vous avez plu à monsieur de Vazy, monsieur de Vazy vous a plu; vous vous mariez ensemble, c'est comme cela qu'on doit faire. Mais quand on ne se plaît pas?

M. DE VAZY.

Que trouvez-vous à redire à ma fille, Monsieur?

Mme DE ROCHEBRUTE.

Ne croyez donc pas , monsieur de Vazy , que cela vienne de lui. Mademoiselle Émilie lui aura fait quelques confidences , en le priant d'arranger cela vis-à-vis de vous; voilà pourquoi il a l'air de se retirer. Il s'est toujours noirci pour les autres ; je le connais; c'est sa manière.

HUBERT.

A votre place , ma mère, je ne parlerais que quand je serais sûr des choses.

M. DE VAZY.

Sœur Placide , faites venir Émilie sur-le-champ. (Sœur Placide sort.) J'aime bien ma fille; je suis bien certain qu'elle est ma fille; je n'ai jamais eu le moindre doute à cet égard ; mais si elle nous jouait un pareil tour, et que par entêtement, par malice, ou par quelque diablerie de fille où le diable lui-même ne comprendrait goutte, elle essayait de s'amuser.......... (A Émilie, qui paraît au fond du théâtre.) Approchez, approchez, Mademoiselle.

SCÈNE XXVI ET DERNIÈRE.

Mᵐᵉ DE ROCHEBRUTE, M. DE VAZY, ÉMILIE, HUBERT, sœur PLACIDE.

ÉMILIE.

Mon Dieu ! qu'avez-vous contre moi, mon père ?

HUBERT.

Mademoiselle, je vous prie de ne me croire coupable en rien dans tout ceci. Nous avons eu une conversation ensemble ; on veut que, dans cette conversation, vous m'ayez dit que vous refusiez de m'épouser ; vous savez ce qu'il en est.

ÉMILIE.

Je n'ai pas dit que je refusais de vous épouser, Monsieur.

HUBERT.

Vous voyez, ma mère.

Mᵐᵉ DE ROCHEBRUTE.

Alors, c'est donc toi qui refuses mademoiselle ?

M. DE VAZY.

Que ce soit l'un ou l'autre, je lui demanderai de quel droit il se permet de rompre un engagement formé par son père ?

HUBERT.

On n'est obligé à tenir que les engagemens qu'on a pris soi-même. Si je crains de ne pas rendre heureuse mademoiselle Émilie, sera-ce aller contre la volonté de mon père que de refuser sa main?

Mme DE ROCHEBRUTE, bas à M. de Vazy.

Il ne dirait pas cela de lui-même; il est soufflé; c'est votre fille qui le fait parler.

M. DE VAZY.

Je demande à ma fille si elle est dans l'intention de faire honneur à ma parole.

HUBERT.

Prenez garde, Monsieur, que par crainte ou par timidité, mademoiselle ne vous réponde autrement qu'elle ne ferait si votre ton était moins menaçant. Sait-elle quel mari je puis être? Me connaît-elle assez pour avoir pu me juger?

Mme DE ROCHEBRUTE.

Hubert, il n'est pas possible; on t'a fait la leçon; tu nous donnes là des raisons que tu n'aurais jamais trouvées de toi-même. Tes paroles ne coulent pas aussi facilement que cela. Écoute donc; je te connais; tu ne peux pas me tromper, moi.

HUBERT.

Je n'ai jamais pensé à tromper personne, ma

mère. Mais parce que vous ne m'avez pas fait donner d'éducation, croyez-vous que je sente moins vi-
vement la position où se trouve mademoiselle? Si je
ne la défends pas, qui est-ce qui la défendra? Certainement je m'aperçois bien moi-même que je
parle plus couramment qu'à l'ordinaire; je ne sais
pas d'où cela me vient. Que voulez-vous que j'y fasse?
Quand mademoiselle m'aurait dit qu'elle ne m'aimera jamais, ce qu'elle n'a pas fait, je le répète,
pourrais-je m'en plaindre, et serait-ce une raison
pour l'abandonner à la colère de M. de Vazy?
Voyons, répondez.

M. DE VAZY.

Je demande une seconde fois à ma fille si elle refuse de faire honneur à ma parole?

ÉMILIE, d'un ton de résignation.

Non, mon père.

HUBERT, à part.

A coup sûr, elle ne sait pas ce qu'elle dit. (Haut.)
Mademoiselle, ne vous laissez pas intimider; si vous
ne voulez pas de moi, avouez-le librement.

MME DE ROCHEBRUTE.

Puisque mademoiselle a répondu.

HUBERT, bas à Émilie.

Entre nous, n'est-il pas vrai que je ne vous plais
pas?

ÉMILIE, haut.

Monsieur, je ferai honneur à la parole de mon père.

HUBERT, bas à Emilie.

Je ne veux rien par force, Mademoiselle ; prenez-y garde. Si vous devez vous repentir, il vaut mieux rester comme vous êtes. Je vais faire un dernier effort ; secondez-moi et vous serez libre.

M. DE VAZY, à madame de Rochebrute.

Il ne vous reste plus, Madame, qu'à faire à monsieur votre fils la même question que j'ai faite à ma fille.

HUBERT, les yeux toujours fixés sur Émilie.

Ma réponse ne sera pas aussi courte que celle de mademoiselle Émilie ; car j'y mettrai des conditions. Si ce mariage se faisait, je voudrais aller passer trois ou quatre mois dans mes terres, tout seul avec elle , sans père, ni mère.

SŒUR PLACIDE.

Avec la sœur Placide au moins.

HUBERT.

Ni sœur Placide.

M. DE VAZY.

Trois ou quatre mois ! monsieur Hubert, pensez-y donc.

HUBERT.

Mademoiselle peut voir si cela lui convient.

M. DE VAZY, *embrassant sa fille.*

Mon enfant! trois ou quatre mois séparé de toi!

ÉMILIE, *d'un ton solennel.*

Il ne s'agit pas de cela, mon père; il s'agit de faire honneur à votre parole.

M. DE VAZY, *avec ravissement.*

Eh! bien, madame la comtesse, voilà ma fille. Qu'en pensez-vous maintenant?

MME DE ROCHEBRUTE.

Chère demoiselle, que je vous connaissais peu. Mais dis donc, Hubert, ce n'est pas ton dernier mot?

HUBERT.

Pardonnez-moi, ma mère. Dans le peu de séjour que j'ai fait ici, je me suis convaincu que je ne suis qu'un paysan, un homme des bois; je veux me réformer. J'ai confiance dans le goût de mademoiselle; d'elle à moi, je recevrai tous les conseils qu'elle me donnera; mais je ne veux pas de témoins. (*A Émilie.*) Trois ou quatre mois, c'est bien long, Mademoiselle. (*Bas.*) Refusez. C'est un beau prétexte. Je ne puis pas faire davantage.

MME DE ROCHEBRUTE.

Tu ne passeras pas tout ce temps-là sans chasser; que deviendra-t-elle?

HUBERT.

Elle chassera aussi. (*Bas à Émilie.*) Allons donc, Mademoiselle, montrez de l'humeur, ou vraiment vous allez me faire croire.....

ÉMILIE, haut et avec émotion.

Ne croyez qu'une chose, Monsieur, c'est que plus vous parlez, et plus j'ai le désir de faire honneur à la parole de mon père.

M. DE VAZY.

Tu chasserais, ma pauvre fille ! toi qui ne peux seulement pas faire à pied le tour du parc !

ÉMILIE, avec gaieté.

Je chasserai à cheval.

M. DE VAZY.

Allons donc, tu as une peur horrible des chevaux.

HUBERT.

Oh ! Mademoiselle, si je pouvais croire que vous fussiez de bonne foi... Mais, non, je ne suis pas assez heureux. Monsieur de Vazy, prenez un peu sur vous ; il faut en finir ; vous ne savez pas ce que je souffre. Dites-lui que vous la laissez libre, et que, quelque chose qu'elle dise, vous ne la gronderez pas.

M. DE VAZY.

Parle, Émilie.

ÉMILIE, à Hubert.

Monsieur Hubert, aurez-vous un cheval bien doux à me donner ?

HUBERT, au comble de la joie.

Grands Dieux! est-il possible? Quand on vous laisse la liberté de parler, voilà la question que vous me faîtes ? Tout grossier que je suis, soyez bien sûre, Mademoiselle, que je sens jusqu'au fond de mon cœur tout ce qu'il y a de bonté pour moi dans une question aussi simple. Oui, je vous dresserai un petit cheval qui se mettra à genoux devant vous pour que vous puissiez le monter plus à l'aise; c'est la seule éducation que je puisse donner; mais il n'y manquera rien, je vous en réponds.

MME DE ROCHEBRUTE.

Viens donc que je t'embrasse, Hubert; tu as de l'esprit comme un ange, aujourd'hui.

HUBERT.

Ce n'est pas là de l'esprit malheureusement.

ÉMILIE.

C'est bien mieux, monsieur Hubert.

HUBERT.

A présent que nous pouvons nous expliquer hautement, je n'ai pas besoin de vous dire, Mademoiselle, que vous rabattrez de mes conditions tout ce que vous voudrez.

ÉMILIE.

Je n'en rabattrai rien, monsieur Hubert. Quatre mois, la chasse et un petit cheval.

SOEUR PLACIDE, qui s'est approchée tout doucement.

Et vous aurez le cœur de me laisser seule.

ÉMILIE.

Consolez-vous; on vous emmènera.

SOEUR PLACIDE.

C'est ce qu'on peut appeler un excellent mariage.

Mme DE ROCHEBRUTE.

J'ai eu un instant comme la peur qu'il ne se fît pas.

M. DE VAZY.

Moi, point. Ma fille ne pouvait pas me désobéir; je ne l'ai point élevée à cela. Les enfans ne sont que ce qu'on les fait.

Mme DE ROCHEBRUTE.

A la bonne heure, monsieur le baron; mais, moi, j'ai si peu fait le mien.

M. DE VAZY.

Eh bien! madame la comtesse, c'est qu'il a voulu justifier le proverbe,

LE BON OISEAU SE FAIT LUI-MÊME.

TABLE DES PROVERBES

CONTENUS DANS CE VOLUME.

FIN DE LA TABLE.

MÉMOIRES

DE

LORD BYRON,

PUBLIÉS

PAR THOMAS MOORE

TRADUITS DE L'ANGLAIS

PAR Mme LOUISE SW.-BELLOC.

Conditions de la Souscription.

Les Mémoires de Lord Byron formeront 4 volumes in-8°, et seront publiés en deux livraisons. La première paraîtra dans le courant de Janvier.

Prix de chaque volume : 7 fr. 50 c.

ON SOUSCRIT SANS RIEN PAYER D'AVANCE

CHEZ ALEXANDRE MESNIER, LIBRAIRE,

PLACE DE LA BOURSE.